U0948407

打造赢销特种兵

做最强的营销战队

贾胜杰◎著

中国财富出版社

图书在版编目（CIP）数据

打造赢销特种兵：做最强的营销战队／贾胜杰著．—北京：中国财富出版社，2016.1

ISBN 978－7－5047－6005－0

Ⅰ.①打…　Ⅱ.①贾…　Ⅲ.①市场营销学　Ⅳ.①F713.50

中国版本图书馆 CIP 数据核字（2015）第 312354 号

策划编辑	黄　华	**责任编辑**	邢有涛　单元花		
责任印制	方朋远	**责任校对**	饶莉莉	**责任发行**	邢有涛

出版发行	中国财富出版社		
社　　址	北京市丰台区南四环西路 188 号 5 区 20 楼	**邮政编码**	100070
电　　话	010－52227568（发行部）		010－52227588 转 307（总编室）
	010－68589540（读者服务部）		010－52227588 转 305（质检部）
网　　址	http://www.cfpress.com.cn		
经　　销	新华书店		
印　　刷	北京京都六环印刷厂		
书　　号	ISBN 978－7－5047－6005－0/F·2528		
开　　本	710mm×1000mm　1/16	**版　　次**	2016 年 1 月第 1 版
印　　张	12.75	**印　　次**	2016 年 1 月第 1 次印刷
字　　数	176 千字	**定　　价**	35.00 元

前　言

企业的竞争力来源于人才的竞争力，企业的发展取决于销售员的素质，企业的长效经营之道在于拥有一支强有力的营销团队。

营销在企业中起着关键作用，有人说营销虽然不是企业成功的唯一因素，但却是企业成功的关键因素。有人对美国250家大型公司做过调查，调查中的大多数管理人员认为公司的第一要务就是制定市场营销策略。当今，商场如战场，哪家企业能把营销做得更好，哪家企业就掌握了市场战争的主动权；哪家企业拥有一支强有力的营销团队，哪家企业就握住了赢的利器；哪家企业打造出了一支高素质的营销特种兵队伍，哪家企业就提高了胜利的概率，并拥有了成为市场翘楚的资本。

对于任何一家企业来说，要想拥有绝对的竞争力，要想树立起自己的品牌，都离不开一支强有力的营销战队。因此，打造一支卓越的营销团队就成了众多企业必须面临的共同问题。越来越多的企业用尽各种方法、策略来打造自己的销售团队，但可惜的是，其结果并不理想，很多管理者对营销团队的组建感到迷茫，但眼看着市场需求的增大、竞争的加剧、得力销售员的缺乏，迷茫的管理者们又陷入了焦急之中，可以说，如何打造一支强有力的营销团队已经成了众多企业和营销管理者最头痛的问题。

如何解决这个最令企业和营销管理者头痛的问题呢？如果现在你也正在为这个问题发愁，那么就请你耐心地阅读本书吧。本书分为八章，从销售的本质、管理者的自我要求以及管理者如何进行有效的管理和激励三大方面展开论述，层层递进，提出了建立强势营销团队的实效方法，并给出了大量提升全体销售员营销业绩的实战技巧。本书还能教会营销管理者如何留住人才，如何建立自己的营销团队，如何提升营销团队的战斗力，增强营销团队的整体竞争力。

营销永远是企业赢利的不二法则，企业负责营销的管理人员，只有真正懂得了销售的实质，懂得了要成为一个金牌销售员所必须具备的素质，懂得了员工的不同需求，懂得了销售每一个环节的“游戏规则”，才能有针对性地培养自己的员工，才能有针对性地满足销售员的需求，才能让销售员自动自发，进而为组织打造出一支战无不胜、无往不利的营销铁军；而企业的销售员只有真正明白了销售的每一个环节和步骤的规则，掌握了实战的销售技巧，才能成为最卓越的销售骨干，才能为企业作出更大贡献，真正成为企业业绩的发动机、企业最受欢迎的员工。

笔者最大的心愿就是帮助营销管理人员掌握营销之道，使他们能够通过学习，打造出一支战无不胜、无往不利的营销铁军，使所有渴望成为卓越销售骨干的销售员梦想成真。

牛顿说，自己之所以看得更远，是因为站在巨人的肩膀上。我们也真心希望，借助本书，所有的管理者和销售员都能超越现在，成就卓越。

作　者

2015 年 9 月

目　录

第一章
销售真的那么难做吗

销售真的那么难做吗？不难！关键是看你是不是真正弄清楚了优秀的销售员与普通的销售员之间的本质差别；关键是看你是不是真正爱上了自己的工作；关键是看你是不是真的有那股“要成功，先发疯，头脑简单向前冲”的冲劲。

打造赢销特种兵
做最强的营销战队

金牌销售员与普通销售员之间的区别

金牌销售员与普通销售员之间的区别是什么？换句话说，一个金牌销售员具备了哪些普通销售员不具备的素质呢？再进一步说，一个能成为金牌销售员的人必须具备何种素质呢？关于优秀的销售员应该具备哪些素质，业界有各种不同的见解，但综合多种理论，我认为金牌销售员必须具备两个基本素质——良好的悟性和自我激励能力。

1. 良好的悟性

何谓悟性？悟性，是一种超常的直觉，是与规律的一种自然妙合，发问题之宗旨，感现象之根源，是人对事物的分析和理解的能力。悟性是一种智慧的体现。有悟性的人一拨三转，悟性极差的人棒打不回，这就是有无悟性的区别。

悟性很重要，做任何事情都需要一定的悟性。悟性有高低之分。悟性低的人易被表象迷惑；而悟性高的人不仅不会被事物表象迷惑，他们还能够在最短的时间里抓住机会，他们是能够以一晓百、一点就通的人，也是很快就能成功的人。

对于销售员来说，良好的悟性非常重要，销售员每天都要面对不同顾客，如何从顾客所传递的许多不明确的信息中确定对方的真正需求，如何从这些需求各不相同的消费群体中确定潜在顾客，从而进行有效推销，这时，就需要靠销售员的“悟性”。

对销售员来说，悟性高，就是能通过一个眼神、一个举动就知道顾客下一步要干什么。想要成功销售，就要洞察顾客的心扉，听懂顾客的弦外之音。并不是每个顾客都是直白型的，更多的顾客讲话往往是含蓄的，说买的人其实内心不想买，说不买的人其实内心很想买，面对形形色色的顾客，悟性不高的普通销售员对顾客的判断几乎都不准，他们只会把大多数时间花费在非准顾客的身上，这岂不是在做无用功?

而金牌销售员具有良好的悟性，他们能在与顾客的交流中，很快通过观察、了解对方的习惯、需要，预测对方的行为反应，及时做出判断，顺应顾客习惯，投其所好，解决对方的问题，如此，生意也就成功了一半。有调查资料显示：在相同的信息来源下，70%的销售员反映因在销售过程中无法准确掌握对方的需求而无法达成交易，对顾客的需求把握大相径庭，根本原因就在于销售员的悟性不同。

管理界有句名言：“智力比知识更重要，素质比智力更重要，觉悟比素质更重要。”李嘉诚在总结成功经验时说：“人生最重要的是悟性和韧性。”“中关村第一村民”、中国民营科技实业家协会副理事长纪世瀛曾说过：“人的智力有差别，但并非智力高的人就比智力低的人成功，智力不是决定因素。人最重要的是悟性，有悟性才能做出正确的判断和抉择，而这是第一步。所有成功人士都是悟性最高的人。”有悟性的人才能拥有创造力和举一反三、触类旁通的能力。

一位正面临着市场上众多竞争对手的打压、不断采取保守策略的销售员在愁眉不展时，突然看到了毛泽东主席评议法西斯政权的一句话：“法西斯政权从一开始就是建立在进攻的基础之上的，一旦失去进攻，它将走向灭亡。”看完这段话之后，这位销售员猛然意识到，销售工作正像“法西斯政权”，只有保持进攻才不至于毁灭。他立即调整营销战略，“以攻为守，步步进逼”。结果，不但夺回了市场，还一举奠定了自己在当地售量第一的地位。

可见，悟性的重要作用。所以，在销售过程中，要成为金牌销售员，就一定要培养自己的悟性，因为客户不会轻易告诉你绝对的买或不买。并且市场状况及竞争对手不断变化，这也需要销售员能通过一些微妙的变化及时调整销售计划，灵活机动地适应客户的反应及需要，以完成销售任务。

2. 自我激励能力

除了悟性，自我激励能力是金牌销售员必须具备的第二个基本素质。所谓自我激励，就是通过激发自己的潜能，使自己处于一种兴奋状态。这种状态不仅能够使我们充满激情地面对工作、迎接挑战，而且可以让我们在平凡的工作中做出不平凡的业绩来。

对销售员而言，自我激励是一种内在的驱使力，它驱动着销售员不断战胜各种失败和困难。我们知道，销售工作需要同各种各样的人打交道，每次会见的客户不同，遇到的情况更是千变万化。可以说，每一次销售活动都是一次挑战。如何应对这些挑战，就要求销售员不仅具有非凡的意志力，更具有非凡的自我调节能力，这样才能做到遇到苦难不放弃，遇到挫折不退却，遇到讥讽和冷遇不气馁，才能不至于陷入困难而无法自拔。完全可以说，优秀的销售员就是在不断地自我激励中走向成功的，勇敢的销售员就是在一次次的自我激励中战胜困难，走上自己的成功之路的。

此外，善于自我激励的人，才能不断进取。我们知道，当一个销售员的销售业绩达到某一高度时，他的销售业绩会停滞不前，甚至开始逐渐下滑，原因就在于他缺乏自我激励能力。

无数成功的事实表明，创造奇迹的因素不是来自书本，而是来自一个人的自我激励，能不能做到自我激励，是决定一个人是成为金牌推销员还是平庸者的重要因素。我们都知道，销售员的工作有很大的自由度，主要取决于销售员个人，如果销售员缺乏自我激励能力，在工作中缺乏进取精神，甚至产生懒惰情绪，那么，他就不能很好地进行自我管理，不能不断地去迎接挑战，不能不断地学习新的销售技巧和专业知识，就不能有大的突破。因此，要成为金牌销售员，就必须要有强烈的自我激励能力，再加上自身良好的悟性，这样才能不断达成有效的销售。

销售，并不是在单纯地兜售产品

销售到底在卖什么？是在单纯地兜售产品吗？很多人说销售就是卖×卖×卖，卖×卖×卖真的行吗？当然不行！只懂得卖产品，那只是最低层次的销售员所干的活，成功的销售员绝对不仅仅是在销售产品，他们做销售另有卖点。他们究竟销售什么？这要由销售的几个阶段说起。

1. 卖产品

从开始做销售的那天起，我们首先接触的就是产品，产品是销售的起点。在销售的最初阶段，只有先用高品质的产品吸引住客户，我们才能用服务打动客户。此阶段销售的根本点是：找出产品的亮点，展示产品价值最大化或最大的差异化，然后放大化，此为销售的第一阶段。

2. 卖自己

随着销售产品层竞争日趋激烈，产品同质化程度提高，销售的焦点逐渐由产品转向了人。销售员的职业操守被重视了起来，良好的人品为产品注入了更好的生机、活力，使产品人性化，在销售的第二阶段，“人品 + 产品”的销售方式更容易获得成功。

3. 卖服务

人们发现：在即时消费大行其道的时候，快餐文化消费已不能满足消费者的需求，人们逐渐意识到服务更易创造价值。于是激烈的竞争又将销售推进了一个层次，即销售服务，越来越多的企业或者销售员通过服务的形式，拉长销售的过程来制造销售优势。

如著名的家电品牌“海尔”电器，依靠其“星级国际服务”，几次获得消费者和媒体的全 5 星最高评价，成为家电行业的巨头。为了让所有用户都能享受到最好的服务，海尔不断进行自我服务升级——首推空调 10 年包修，首创热水器全程无忧服务，并发布首批通用性国家标准。这些年来，海尔在售后服务方面创造了无数个第一，获得了广大消费者和媒体的认可。这让我想起了一句话：产品有限，服务无限，把服务做到精益求精就赢了。这是销售的第三阶段。

4. 卖顾客体验

今天的市场产品差异化越来越小，竞争越来越白热化，服务带来了销售行为的后移，而顾客体验却能把消费行为提前，让顾客提前感受产品或服务所带给他们的价值。销售顾客体验，就是顾客不用先掏空腰包仍可以享受产品或服务。在顾客体验到产品或者服务会给自己带来舒适的享受后，销售员再以推波助澜的方式让这体验慢慢融入到顾客的内心深处，一旦顾客因为拥有不了感觉不习惯时，那么，销售机会就来了。

比如汽车的试驾，化妆品的试用，推销按摩产品的销售商都会设立体验中心，这些都是在销售顾客体验上大做文章的表现。不管是采取哪种销售形式的顾客体验，只要让消费者先爱上这种享受的感觉，那么销售员就有机会了。可见，体验营销是销售中的一大撒手锏，此为销售的第四阶段。

5. 销售再投资

销售绝对不应该是一锤子买卖，它绝对不是把产品卖出去就结束，而是一场永无止境的交易，看重的应该是远景。对于优秀的销售员来说，他们会把每次销售都看成是再投资，在他们看来，成交才真正是销售的开始。在成交之后，优秀的销售员会抱着投资的心态继续用心地跟踪客户，并全力帮助客户解决问题，于是，这些顾客就慢慢成了他们的老顾客。销售员便得到了永续的丰厚回报，此为销售的第五阶段。

6. 销售顾客感动

在商场上谁能够影响顾客的情绪，谁就能左右顾客的购买行为。一个销售员如果能把顾客从关注物质层面带到关注精神层面上来，那么，顾客的情感便成了销售的利器。海尔集团之所以享誉海内外，除了其优质的产品质量外，更因为他们的服务总能超越消费者期待。与其说海尔卖的是“产品”，不如说海尔卖的是“感动”。

有一次，海尔的一位销售员去西藏考察，当看到承担着繁重家务劳动的藏族妇女每天还要辛苦地打酥油时，他心生感触，要是能生产出能打酥油的洗衣机该多好，这样她们就不会每天都这么辛苦了。后来，在这位销售员的提议下，海尔集团真的研制出了既可洗衣又可打酥油的高原型“小小神童”。这种洗衣机3个小时打制的酥油，相当于一名藏族妇女三天的巨大工作量。这种洗衣机让很多藏族同胞从此告别了手工打酥油的繁重家务劳动，受到了用户的极力称赞。正是这些称赞奠定了海尔在国内的领头地位。

顾客是有情感的，要善于挖掘他们的情感资源，做到不仅让他们满意，更要让他们感动，这是销售的第六阶段。

7. 销售概念

在这个产品同质化的时代，消费者不会轻易相信你的产品比竞争对手的产品更好。那么，如何进行销售呢？优秀的销售员不会强调产品的品质如何，而是强调消费观念。例如，很多销售员在推销产品之前会强调健康意识、环保意识、学习意识、安全意识等消费观念，并指出消费者在以往的消费过程中有哪些不足之处，这些不足将会对今后的工作、生活、家庭带来什么影响或危害，所以建议大家换一换，用一种更安全、更健康、更方便、更省钱的产品。顺理成章，大家接受了销售员的新观念。只要观念被接纳，产品自然就被接受。普通业务员为什么销售业绩不佳，因为他们没有足够的理由让消费者放弃原来的产品而使用他们的产品。

激情，是做好销售工作的根本

激情是一种随时应对挑战的状态，是成功的原动力，成功者永远都是充满激情的，没有激情作为动力，事业上是很难起步的。美国作家爱默生说："有史以来，没有任何一项伟大的事业不是因为热忱而成功的。"一个人只有充满了激情，才会充满力量，充满信心，保持前进的步伐。马云说过，短暂的激情是不值钱的，只有持久的激情才最值钱。对销售员来说，亦是如此。销售员被拒绝是常见的事情，而这个时候保持自己的激情不受影响，坚持下去，这是取得成功最重要的因素之一。

一位著名的讲师分享说："我经常与销售员一起开发项目、拜访客户，在和很多销售员以及客户交谈时，我有一个很深的体会，凡是业绩出色的销售员以及销售团队总是充满激情的，相反，业绩不理想的销售员总是死气沉沉。"销售员是一个充满挑战的职业，激情更显重要。有人说，对于销售员来说，激情就是被乘数。无论市场多大、政策多好、产品多新、人脉多广、机会多多，如果激情是0，一切都会变成0，一切都没有意义。

激情还是一种积极的生活和工作态度，它能使我们克服一切困难，不断地向目标迈进。一个人对工作满怀激情，那么，他就能克服工作中萎靡不振的情绪，坚持不懈地去工作。

丰田公司的一位销售员曾在自己的文章中这样如实写道："把一个星期的工作计划分为上午和下午两部分，把要走访的地方分为5等份，星期一走访某某路的1号到100号，星期二走访第101号至200号，星期三……这样一个星期结束以后，就走访完了我所负责的整个地段。我一直把这种做法作为绝对的、至高无上的命令来执行。

"参加工作的第一年，经常都是我一个人在街道上转来转去，觉得非常难受而且寂寞，有时也深感销售工作真让人痛苦。每逢这时，我就勉励自己说，自己痛苦的时候别人也痛苦。说老实话，我想如果销售工作是一帆风顺的，也就无所谓自己管理自己了。自己管理自己这个问题之所以受到重视，是因为任何人都不能随心所欲地去做事情，因为今天一去不返，人们才要求这么严格。我也经常有精神不振的时候，遇到这种情况，我就会在星期天去爬山。当我一步一步克服了前进中的困难攀登到山巅时，那种激动的心情简直就和接受订货、交出货物时的激动心情完全一样。”

销售工作是需要一定的先天资质的，不过更重要的是要靠你后天的努力。其中最主要的就是你一定要有工作的激情。有激情的销售员比士气低落的销售员能发挥出数十倍的工作效率。

连续16年一直荣获日本汽车销售冠军的奥城良治，对自己的工作每时每刻都充满着热情。每一天销售工作的开始，他都会在自己的笔记本上事先画好20个方格，每上门推销5户，他就会在格内填入一个“正”字，只有20个格都填满，才算完成一日的销售计划。

据说，奥城良治规定自己每天推销少于100次就不回家。有时，到了晚上，还未完成计划，他就坚持向行人进行推销。有一次，直到深夜一个行人也没有了，他只进行了95次推销，为了完成计划，他不顾疲惫，竟走到警察局，向值夜班的警察推销起来。正是抱定了对工作的热情，才成就了奥城良治的卓越业绩。

比尔·盖茨有句名言：“每天早晨醒来，一想到所从事的工作和所开发的技术将会给人类生活带来的巨大影响和变化，我就会无比兴奋和激动。”比尔·盖茨的这句话，很精准地阐释了他对工作的激情。在他看来，一个优秀的员工，最重要的素质不是能力、学历，而是对工作的激情。他的这种理念已成为微软文化的核心。一位微软的销售员说："没有这种激情，你在和客户交流的时候就很难说服他们。这种热情就来自某种内在的东西。在微软工作，激情与聪明同等重要。"

激情是一种洋溢的情绪，它具有一种带动力，洋溢于表、闪亮于言、展现于行，能够影响和带动周围更多的人热切地投身于工作之中。对于销售员而言，是否能用足够的激情去感染顾客，是销售能否成功的关键所在。当然，要带动顾客的情绪，关键是销售员自己要充满激情。

激情是做好任何工作的根本，有了工作激情，才会丰富工作成果，才能证明工作能力。没有工作热情，人就会变得退缩、惧怕、懒惰、浪费生命、小富即安、成天混日子，那样只会日渐消沉，人就会变得没有追求，生活和工作就会变得枯燥无味，没有乐趣。因此，我们应该努力培植激情。

美国经济学家罗宾研究表明：人的价值 = 人力资本 × 工作激情 × 工作能力。也就是说，一个人如果没有工作激情，那么他的价值就是零。对一个员工而言，工作热情来自你对工作的态度，当你无法在工作中找到激情和动力时，请重新思考你所从事的工作的神圣与伟大。任何工作都有它自身的神圣与伟大，当自己的激情慢慢消失时，我们不妨找一找自己所从事的销售工作的伟大之处，这对提高我们的激情指数是非常有帮助的。

没有谈不成的业务，只有缺乏激情的销售员

激情是一种动能，它像螺旋桨一样驱使你不断前进到达成功的彼岸。不管是干什么样的工作，要想获得成功，首先需要的就是工作激情，销售

事业尤其如此。日本推销大师原一平曾说过这样一句话："激情在推销中占的分量为85%，而产品知识只占到15%。"日本著名销售专家原田一郎也说过："激情可以使失败的销售员成为成功的销售员，悲观的人成为乐观的人，懒惰的人变成勤奋的人。"

况且根据心理学分析，人的情绪有很强的传染性。当你真的热爱销售这个职业，热爱你的客户，热爱你的品牌，热爱你的产品时，热爱就能够焕发出一种激情，从而感染你的客户，让你的客户感觉到自己选择的这个产品绝对是最好的。因为他们相信：销售员的激情告诉了我，这是一件非常棒的产品，我选择了这个产品绝对是非常正确的。相反，如果销售员懒懒散散，没有销售热情，在介绍产品时也是一脸无奈，那么，无形中销售员就等于向顾客传递了一个信息：销售员对自己的产品都没有信心，这个产品肯定不怎么样。在这样的情况下，要留住客户，要做出业绩，那简直就是异想天开。从这里我们也可以看出，顾客的购买实际上是受销售员情绪影响的，很多时候，根本不是业务有多难谈，而是因为你缺乏了激情。

激情无疑是销售员最重要的秉性和财富之一。因为销售员整日、整月，甚至整年地到处奔波，辛苦销售商品，其所遭遇的失败不用说了，就是销售工作所耗费的精力和体力也不是一般人所能比的，可想而知，销售员是多么需要激情。可以说，没有激情，销售员将一事无成；而有了激情，再难谈的业务也会谈成。

就像比尔·盖茨说的，一个优秀的员工，最重要的素质不是能力，而是对工作的激情，没有激情，工作就像一潭死水。在工作中，激情就如同生命。有了激情，销售员不仅能释放潜在的巨大能量，还能发展出坚强的个性。一个销售员有了激情，对工作不再是被动，而是充满最狂热的追求，对待销售目标，也不是"想要达到"，而是"一定要达到"。正是抱定了这种“一定要”的决心，所以，对于一个充满激情的销售员来说，根本就没有谈不成的业务。

> 销售员张强经过努力，终于做成了一单60万元的生意，公司里所有的人羡慕极了，张强也一举成了公司的销售之王，可是谁也不知道，为了做成这笔生意，张强进行了72次拜访。张强还记得第一次拜访这个客户的时候，客户用一句“我现在真不能买，因为我现在资金紧张，请不要再来打扰我了”就把张强打发了。但被拒绝后，张强并没有退缩，针对这类说自己没钱买的客户，张强研究了多种说服方法。带着这些方法，张强进行了第二次拜访。可第二次顾客又以“老婆坚决不同意购买”的借口拒绝购买。结果，这次张强还是没能说服客户。不过，张强还没有退缩。回到公司，他针对客户的借口，又找到了多种解决办法。可谁想在第三次拜访的时候，客户又有了新的拒绝方式，就这样，第四次、第五次，第六次……每次顾客都能想出新的拒绝方式，但是张强却从没想过放弃，一直到第72次拜访，张强才将客户的所有问题都一一解决，彻底打消了客户的所有顾虑，使客户对张强的产品有了认同，最后签订了那张60万元大单。

在这个案例中，张强的成功与他保持对工作的激情是密不可分的。正是因为他对销售工作充满激情，所以每次遇到客户的拒绝，他都能够平和对待，并将其转化为自身改进的动力，并通过不断地弥补自我的欠缺去帮客户解决每个问题，最终获得了成功。试想，如果不是他对工作充满激情，再被客户拒绝几次后，他早就放弃了，何来成功？可见，只要有了对工作足够的激情，再难的业务都有成交的机会，即使是在别人看来不可能完成的业务也有可能成交。

激情如此重要，那么，对于销售员来说，应该如何培养自己的激情呢？

1. 重拾信心

“缺乏信心”往往是工作最大的敌人，所以要燃起你对工作的激情，你要做的第一件事就是重新寻回自信。在每天早晚，你可以面对镜子大声念10遍“我一定可以成为优秀的销售员”，这种积极的自我暗示对恢复自信是非常有帮助的。

2. 补习充电

如果你的销售压力来源是自身的信息不足，那么，充电补习绝对是你的最佳选择。比如熟知你的产品知识，熟知销售心理知识，熟知销售技能方面的知识等。此外，积极地参加培训，也是让自己做好营销的重点一步。通过营销培训，销售员可以提高自己的工作技能，了解产品知识、企业状况，改变工作态度。研究证明，销售员经过营销培训，会信心百倍地去工作，这自然会充满激情。

3. 适当减压

如果长期的工作压力令你举步维艰，不妨试试分解压力。你可以尝试多种方法解压，比如运动、交朋友。最好是与你的客户做朋友，你就不会觉得无休止地拜访客户是一件烦事，而是一种乐趣。

4. 改变形象

改变心情不妨从改变形象开始。换个发型，换套服装，出门前化个妆，都会给你增添三分气质，且让你感觉精神十足。

打造超级销售团队的秘密——激情的培植

一时的激情、短暂的激情成就不了营销事业，然而销售员的工作激情总是来去匆匆、瞬间即逝。销售员缺乏激情一直是困扰企业发展的难题。一项关于在职员工懒散状态的统计数据非常令人震惊。根据盖洛普公司的报告显示，每10个销售员中就有5个隔三差五处于闲散状态，这种状态给企业带来的损失是巨大的。那么，当销售员失去了工作激情，怎么办呢？

当销售员失去工作激情，业绩不好的时候，企业往往会采取解雇销售员的方案。解雇是很容易的事，但这根本不是最佳方案。解雇的隐患在于：谁可以保证下一个人会更好？会更适合这项工作？不会打击团队的士气？所以，管理者除了在制度上下工夫，更应该在“人”上下大工夫。

我们的团队成员是人，我们服务的对象是人。如何唤起一个人内心的激情？销售员的激情从何而来？人是一种很复杂的动物，人是感性的，更重要的人是有“情”的，要让员工努力工作，需要管理者施展更细微的手段，成为煽“情”高手才能实现管理的目的。

有人说，管理者才是员工最大的激情杀手。为什么这么说？观察一下，我们会发现，每一件扼杀员工激情的事情都是由一系列看起来非常琐碎的事构成的。如果我们把这些扼杀员工激情的事件罗列出来，我们会在清单上发现很多熟悉的场景：缺乏正面的鼓励，员工毫无荣誉感可言；过于苛刻的评估，让员工得不到认可感；缺乏指导；啰唆的电子邮件，远远超越对员工的口头批评……正是这无数让管理者忽略的小事，最后却夺走了员工的激情。所以，对管理者而言，要培植销售员的激情，就必须先解决这些问题，这样才能从根源上激发出员工对销售工作的热情。具体而言，管理者可从以下几个方面入手。

1. 创造和谐宽松的营销环境

公司就是一个团队，老板通过无微不至的关怀，创造和谐宽松的营销环境。比如创建团队中人人平等、互相关爱、沟通无碍、反应迅速、团结协作、不畏困难、奋力拼搏的营销环境，管理者通过对员工真诚的关爱，让销售员感觉到，他们和管理者不只是同事关系、上下级关系，而且还是朋友关系、亲人关系。特别是管理者在生活上对员工的关心，会让员工心存感激，从而使员工工作积极性提高，工作自然有激情。

此外，创造和谐宽松的营销环境，管理者要叮嘱销售员注意休息、注意安全，让他们做到劳逸结合。人不是机器，总要适度休息才能保证身体的健康和充沛的激情，所以，聪明的管理者还会经常组织销售员旅游或参加一些娱乐活动，如此一来销售员会以更高的激情投入营销工作。

2. 启发并帮助员工解决问题

销售员在工作中，会遇到很多问题，作为销售管理者，要善于和员工一起思考销售难题，并一起提出解决方案；在平时，要启发员工多提问、勤思考，善于启发员工多角度地解决问题。

3. 多表扬，及时表扬

销售是一个漫长的过程，即使员工暂时没有销售业绩，管理者也不要急于公开批评，而要多安慰、给予更多的鼓励，这时候，哪怕是管理者拍拍员工肩膀，递上一杯水，都是对员工一种莫大的鼓舞，会激发员工的工作激情。对于表现出色的员工，管理者更要尽可能地给予及时的表扬。

4. 树立员工对公司的归宿感

培植激情还有一个不可忽视的要素，就是树立员工对公司的归宿感。“良禽择木而栖”，“好”团队才能留住“好”人才。员工的归属感首先来自待遇，待遇能满足员工最基本的生活需求，才能在最基本的层面上留住人才。对于销售员的工资、奖励、提成、职位晋升、保险、福利、培训等各项待遇的承诺，企业都应说到做到及时兑现。如果不及时兑现承诺，销售员就会失去工作的激情，这些承诺就好比销售员的三餐，销售员不按时吃三餐就没力气工作，因此企业一定要及时兑现各项承诺。

赋予员工未来价值的提升是归属感的重要组成部分。每个人都非常注重自己未来价值的提升和发展，都会考虑自己在企业中的位置与价值，企业提供机会帮助员工增强以上能力，是企业吸引人才的重要手段。总之，员工有了归属感，才能最大限度地发挥他们的潜能。

5. 鼓励销售员参与营销的创新

企业的营销创新不仅能适应市场竞争的需要，也能激发销售员的工作激情。如果管理者同时鼓励全体销售员参与营销创新，不仅能增强销售员为企业当家做主的自豪感，也能使销售员有被重视、尊重的感觉，从而极大地调动他们的工作积极性，激发他们的工作热情。

6. 适时调整营销布局结构

喜新厌旧是人的通病，在工作初期，销售员往往充满激情，但工作一段时间后就变得懒散而失去激情，此时，管理者适当调整营销布局结构变得非常重要。这种调整包括营销区域的改变、销售员的调动、营销组织的变动、客户的更换等，通过这种调整来满足销售员求新猎奇的心理，从而重新燃起销售员的工作激情。

记住，做好销售要的就是那股子疯狂劲儿

在所有的职业中，推销员、业务员是最容易受挫、最容易遭拒绝的工作，也是最容易让人厌倦的工作。许多销售员之所以不能取得好业绩，大多是败在自己手中，败在遇到挫折时放弃自己的追求，缺乏坚持不懈的精神。一个推销员，如果在推销失败，遭人拒绝、嘲笑时就畏惧、退缩甚至放弃，那成功怎么会找上门来呢？只有具有坚持不懈、决不放弃、务必成功的心态，才有成功的那一天。

看看那些世界上最伟大的推销员们，他们之所以获得卓越非凡的销售成就，就在于他们有一股绝不能轻言放弃的疯狂劲。他们在销售过程中，总会抱着“不到黄河心不死，得不到订单绝不轻言撤退”的决心，即便是被拒绝100次，他们还会再来第101次，总能把被拒看作下次必定成交的机会，把失败当作下次成功的起点，把挫折当作磨炼心志的肥料，永远要和自己的坚持并肩作战到底。

日本保险业连续15年全国业绩第一的“推销之神”原一平有一次打算去拜访某公司总经理，这位总经理日理万机，是个不折不扣的“工作狂人”，非但不易接近，连见他一面都很困难。

经过再三考虑，原一平采用直冲式拜访。

“你好，我是原一平，我想拜访总经理，麻烦你替我通传一下，只要几分钟就可以了。”

秘书是位训练不素的人，进去一会儿后又出来。

“很抱歉，我们总经理不在，你以后有时间再来吧！”

原一平问旁边的警卫：“警卫先生，车库里那部轿车是你们总经理的座驾吗？”

“是啊！”

原一平守在车库铁门旁，等着见那位总经理。可是很不幸，等了一天，愣是没等到总经理。第二天，原一平又来到该公司，秘书还是说总经理不在。第三天，第四天……一连一周，秘书还是说总经理不在。

原一平没有退缩，他决定改变策略，采取“守株待兔”的方法，最早站在该公司的大门边，等待这位总经理的出现。1 个小时，2 个小时，10 个小时过去了，原一平还在守候着。

工夫不负有心人，原一平终于等到总经理轿车的出现，他一个箭步冲上去，一手使劲抓着车窗，另一手拿着名片。

“总经理你好，请原谅我鲁莽的行为，不过，我已经拜访您十多次了，每次您的秘书都不让我进去，在万不得已的情况下，我才用这种方式来拜见您，请您多多包涵。”

总经理连忙叫司机停车，打开车门请原一平上去。

结果，总经理不但接受了访问，还向原一平投了保。

原一平的成功就在于他那股非要成功、坚持到底的疯狂劲头。一般的推销员遭到拒绝，立刻脸色泛白；遭到第二次拒绝，就信心顿失；若再遭到第三次拒绝，根本就萎靡不振。如果遭到十几次拒绝，不但自尊受到伤害，而且会怀疑自己存在的价值。然而原一平虽遭遇多次拒绝，非但没有退却，反而能积极地改变销售策略，直到最后销售成功。

成功的推销员，通常也是失败次数最多的推销员。但面对失败，他们不会气馁，也不会立刻放弃，而是等待时机，只要有一点点成功的可能，他们就永不放弃。正是这种坚持到底的精神，让他们终获成功。事实上，任何成功都属于坚持到底的人。所以，纵然你拥有口若悬河的一流口才以及出神入化的绝世推销技巧，如果欠缺坚持到底、永不服输的“疯狂”精神，也是不能成为顶尖的业务高手的。

坚持到底才是成功的终极武器。也许你会连续几十次、几百次地遭到拒绝。然而，就在这几十次、几百次的拒绝之后，总有一次客户会同意采纳你的计划。为了这仅有的一次机会，成功的销售员在做着不懈的努力——销售员的意志和信念就在于此。只要销售员觉得自己已经引起了客户的购买欲望，就要去尝试着争取成交，并且要多次尝试，锲而不舍，直到成功。有人说：成功属于按自己的意志和步调，坚持走下去的人。这些人连潜意识都在追求成功，而这些正是有些人之所以成为顶级销售员的真正原因。

销售员如果没有成功的信念，即便是掌握了良好的推销技巧也无法成功。一个销售员就像一根火柴，客户就像蜡烛。如果你不首先点燃自己，又怎么可以照亮他人？一个没有激情的人，他的言谈举止怎么会去感染一个陌生人呢？如果你没有获取成功的激情，请赶快放弃每天都和“失败”打交道的推销工作吧！因为你注定“不堪忍受”而折腰。充满激情的销售新手们一定要做到“四个坚持”。

1. 坚持100天

世界推销大师戈德曼说：“销售，是从被拒绝开始的。”不要为挫折而苦恼，无论如何也要竭尽全力干完100天，以后再决定自己是干还是不干。

2. 坚持“5 不退让”原则

根据一项资料表明：在半小时内的谈判过程中，日本人会说 2 次“不”；美国人会说 5 次“不”；韩国人会说 7 次“不”；而巴西人会说 42 次“不”。所以，销售员不要听到顾客说一次“不”就放弃销售，最起码也要听到 5 次“不”的时候，再做稍许退让。

3. 坚持 1/30 原则

推销界一般认为，销售员每拜访 30 个客户，才会有 1 个人可能成交。难怪日本推销之神原一平会说：“推销没有秘诀，唯有走路比别人多，跑路比别人长。”记住，销售员的灵魂只有两个字：坚持！

4. 坚持付出不亚于任何人的努力

被尊称为“寿险推销大王”的乔·坎多尔弗在谈到自己的成功时说：“我成功的秘密相当简单，为了达到目的，我可以比别人更努力、更吃苦，而多数人不愿意这样做。我早上要比多数推销员起得早，他们 7 点钟起床，我 5 点钟起床。我将每周的工作日增加为 6 天，每天工作 10 小时。同时，如果我每天再额外工作 2 小时的话，则我每周就额外工作 24 小时，根据一天 8 小时计算，我就一周额外工作 3 天，或者一年按 50 周计算，我就额外工作了 150 天！我觉得人们在吃睡方面花费的时间太多了，我最大的愿望是不吃饭、不睡觉。对我来说，一顿饭若超过 15 分钟，就是浪费。因此，要做好销售，除了勤奋工作、珍惜时间和开发时间之外，没有其他办法可想，这对任何人都是如此。”

第二章 激情的培植从团队管理者开始

在管理中，有一种无形的却相当强大的力量非常有效，那就是来自管理者的力量——管理者身体力行，发挥榜样的正能量。所以说，如果你想让你的一线销售员充满激情，那么，作为管理者，你首先自己要激情四溢。

打造赢销特种兵
做最强的营销战队

团队管理者首先要爱上销售工作

乔布斯说，成就一番伟业的唯一途径就是热爱自己的事业。热爱是一种人生态度，一个人一旦热爱某种工作，他就会拿出激情，会全身心地投入其中，会克服困难完成工作任务。

世界著名的推销员乔·吉拉德说："成功的起点是首先要热爱自己的职业。无论你做什么职业，世界上一定有人讨厌你和你的职业，那是别人的问题。就算你是挖地沟的，如果你喜欢，关别人什么事?"

乔·吉拉德也经常被人问到从事何种职业。听到答案后，对方会不屑一顾：你是卖汽车的？但乔·吉拉德并不理会——对，我就是一个销售员，但我非常热爱我的工作。正是凭着自己对销售工作的热爱，他才成为闻名世界的最伟大的推销员之一。

被誉为"世界上最伟大的推销大师"的汤姆·霍普金斯说："推销是一种令人自我骄傲的职业，你必须热爱自己所从事的这项工作，才能为工作神魂颠倒。"当你对工作神魂颠倒时，你就能乐此不疲，那么你肯定也会取得令人羡慕的成绩。

原一平——起初是一个连坐公车的钱都没有的穷小子，可最后，他终于凭借自己的毅力，成就了自己的事业——成为日本保险业连续15年全国业绩第一的"推销之神"，他的成功就来源于"热爱"俩字。他把这种对工作的热爱贯穿于自己工作的时时处处，有时候，他的这种热爱，在别人眼里，看起来还有点“极端”。

有一天，原一平去拜访三菱总公司的串田董事长。三菱总公司是明治保险公司的大股东。当时，串田董事长正好有一个重要的会议要召开，就这样，从早上9点到11点，原一平在会客室整整等了两个小时。可能是工作太疲倦之故，最后他竟然在沙发上睡着了。

不知道过了多久，睡梦中，原一平感觉到有人在推他，看到原一平醒来，串田董事长劈头就问：“你找我有什么事？”

原一平可慌了手脚，在那一刹那，先前的准备忘得一干二净，他结结巴巴地说：“我……我是明治保险公司的原一平。”

“什么？保险公司的？你找我到底有什么事？”

“我要去拜访日清纺织公司的总经理，想请董事长帮我写一封介绍信。”

“什么？保险那玩意儿也是可以介绍的吗？”

听到这句话，原一平当时就愤怒了，他向前跨了一大步，并大声说：“你这个老家伙，你竟然说‘保险那玩意儿’，亏你还是我们公司的董事长！我要立刻回总公司向所有员工宣布……”

说完之后，原一平怒气冲冲地夺门而出，董事长也彻底愣住了。

不过，一冲出大门，原一平立刻为自己粗野的行为懊悔了，他反思道：“客户永远是第一位的，再大的问题，你都不能撕破脸皮。”

一回到公司，原一平向自己的上级说明了原因并提出了辞呈。正在这时，串田董事长打来了电话：“刚才来了一个很厉害的年轻人，吓了我一大跳。虽然这个年轻人做事有一点激进，不过这也让我发现了自己的错误，发现自己以前对保险有偏见，既然我是保险公司的负责人，我就不应该对保险有偏见，而是应该积极地去推动保险业务的扩展。这个年轻人让我看见了他对工作的无限热爱和重视，我相信，在将来，他必定会成为一个优秀的职员，并且我决定要把三菱关系企业的退休金全部转投到明治保险。”

就这样，原一平以一种最“特殊的”方式“拾”了一个大单，也正是这次被肯定，让他更加热爱自己的工作，让他越来越相信自己所从事的是一份伟大的事业，正因为这种对工作发自内心的热爱，才让他在以后的工作中任劳任怨，无怨无悔的坚持，才有了后来的推销之神原一平。

再后来，尽管原一平功成名就，但因为对工作的无限热爱，他根本就不愿意停下来，他一如既往地勤奋工作，他的太太埋怨说：“以我们现在的储蓄已够终生享用，你何必每日再这样劳累地工作呢?”原一平却不以为然地回答：“这根本就不是有没有饭吃的问题，而是我心中有一团工作的火在燃烧着，是这一团热情的火在身体内作怪的缘故。”

热爱才能真正激发出一个人的能量，一个人热爱自己的工作，才会专心于工作，才能心甘情愿地为之付出不亚于任何人的努力，才会成为本单位和本岗位的行家里手，才能体会到工作的乐趣。不仅如此，热爱之情还可以相互传染，就像乔·吉拉德所认为的那样，热爱是一朵“火花”，这种“火花”能感染身边的所有人，使“火花能产生熊熊烈火”，所以，对于团队的管理者而言，如果你希望自己的下属能热情地对待销售工作，那么，你自己首先必须要爱上销售工作，这样你才能用热情去感染他们，进而让他们变得充满激情。

很多销售管理者自己对工作不够重视，却总是抱怨自己的员工懒散，抱怨自己的员工没有激情，殊不知，什么样的领导就会带出什么样的下属。对于管理者而言，带领自己的下属达成企业的目标是每天最重要的事情，那么，怎样才能发挥员工的积极性呢？用命令去压人？其作用只是暂时的，时间长了，其作用无疑会一次比一次小。用硬性的制度去约束人？这样做只会让很多下属口服心不服，只会让更多人越来越叛逆。用奖金去刺激人？下属的胃口一次比一次大，怎么办？

到底有什么更有效的办法解决这个问题呢？其实，在管理中，有一种无形的却相当强大的力量非常有效，那就是来自管理者的力量——管理者身体力行，发挥榜样的正能量。

喊破嗓子不如做出样子，管理者唯有做好自己，给下属树立榜样，让下属发自内心地敬佩，在团队成员中说话才会有分量，团队才能有强大的执行力。因此，销售管理者要让你的员工成为发光发热的能源体，其前提必须是你自己要在销售岗位上发光发热，如果你自己都懈怠工作，可以想象，你的下属能有士气吗？

A是一家超市的管理者，他对自己的工作总是抱怨重重，有一天，他在巡视店铺时，看到摆衣服的货架有些歪斜，他却熟视无睹，然后继续去查看其他地方。B同样也是一家超市的管理者，他热爱自己的工作，凡事都尽心尽力。有一天，他在巡视店铺的时候，发现了几张散乱的报纸和一张糖纸，他立即走过去收拾干净了。

于是，A、B带出了不同的员工，A的下属都懒懒散散，对待工作总是抱怨重重，B的下属对工作都显出极高的热情，凡事都争着做、抢着做。很多管理专家对A和B两个管理者不同的领导风格进行了探讨，最后得出了这样一个结论：如果管理者希望自己的下属主动做正确的事，他需要首先身体力行。

榜样的力量是无穷的，管理者要想管好下属必须以身作则，通过行动树立起自己在员工当中的威望，这将会使上下同心，激发销售员工作激情，大大提高团队的整体战斗力。所以，优秀的销售管理者在企业的日常管理中要积极参与，身先士卒。如果管理者在会上大讲特讲某件销售任务的重要性和紧迫感，要求员工加班加点，而自己却行为懒散，漫不经心，正常上下班，员工会作何感想？员工们肯定不会“心”服，团队肯定会涣散无力。俗话说，得人心者得天下，做下属敬佩的领导将使你的管理事半功倍。

保持 “亢奋” 的工作态度

精神状态决定工作成效，有什么样的精神状态就有什么样的工作成效。萎靡的工作状态，只会让一个人事倍功半，相反，亢奋的精神状态，可以让人事半功倍。那么，“亢奋”的工作状态是一种什么样的状态呢？

“亢奋”的工作状态是一种“乐此不疲”的状态，是一种对工作的“迷恋”状态。我们常用“乐此不疲”这个成语来形容对某事物的热爱程度，是说乐于做某些事或以某些事物为乐，竟然到了不知疲倦的程度，如果我们工作时能达到这种状态，那么又何愁做不出业绩？

稻盛和夫在其著作《干法》中强调：“热恋中的情人，在旁人看来目瞪口呆的事情，他们却处之泰然。工作也一样，只有迷恋工作、热爱工作，才能长期坚持工作，一以贯之，无怨无悔。达到这种程度，一切都不在话下。人就是这样，对于自己喜欢的事情，再辛苦也无怨言，也能忍受。而只要忍受艰苦、不懈努力，任何事情就都能成功。”

“亢奋”的精神状态是一种始终保持平和的、积极的心态的状态。一个人在“亢奋”的精神状态下，能做到积极主动有信心，直面困难有毅力，奋发进取有动力，埋头苦干有突破；他们在工作中总能以苦为乐，乐在其中。说得直白一点，始终保持“亢奋”的精神状态实际上就是一种忘我拼搏的境界。这种境界就是爱岗敬业、聚精会神、一心一意、全身心地投入，就是快乐工作。这种状态总能带来最好的结果。

乔·吉拉德是营销界富有传奇色彩的人物，是一位伟大的推销员。他是《吉尼斯世界纪录大全》认可的世界上最成功的推销员，1963—1978 年总共推销出 13001 辆雪佛兰汽车。乔·吉拉德是世界上最伟大的销售员，连续 12 年荣登《世界吉尼斯纪录大全》世界销售第一的宝座，他所保持的世界汽车销售纪录——连续 12 年平均每天销售 6 辆车，至今无人能破。

他之所以能创造出如此辉煌的成绩，不是靠世袭，而是靠自己对待工作和事业的激情。他有着一颗强烈的事业心，对待工作，他始终保持着“亢奋”的状态。他每天早上 5 点起床，晚上 11 点睡觉，每天都能斗志昂扬、精神抖擞地工作十六七个小时，他的工作态度和旺盛的精力实在令人惊讶。他告诫所有的销售员：“我并不像很多公司要求的那样，付出 100% 的努力。如果付出 100% 的努力，我早就饿死了。你需要像很多成功人士一样付出 150% 的努力。”

在一次采访中，乔·吉拉德说：“我主张一周工作七天，每天工作十六七个小时，也许会有人指责我，但这就是我对工作的真实感受。”

正是凭借这种“亢奋”的精神状态，乔·吉拉德才成就了自己的事业。

“亢奋”是一种状态，亢奋至深方能成就一番事业。成就一番事业，必须要有一股亢奋的劲头。“亢奋”的精神状态是一种充满激情的状态，是干好工作的前提和原动力。当一个人能以“亢奋”的工作状态投入自己的工作当中时，他的自发性、创造性、专注精神等对自己工作有利的条件便会在工作的过程中表现出来，从而能够快速找准工作的着眼点、着力点，敢闯、敢干、敢于担当、敢为人先，遇到困难不回避、不推诿、不气馁，敢于直面，敢于去想办法解决好问题，用这样的精神状态工作肯定是卓有成效的，是能够带来最佳结果的。

一家天线销售公司的总裁来到营销部，让营销部员工针对天线之所以在偏远地区销售不好的原因各抒己见，畅所欲言。当营销一部的经理以及其他人都抱怨卖不出去产品是因为产品没有知名度时，营销二部一位刚上任不久的年轻经理却直言不讳地提出了自己不同的意见。年轻经理说：“我觉得不是知名度问题，我们公司的天线是老牌子了，之所以销售今不如昔，是因为我们的销售定位和市场策略不对。”营销一部的经理马上反驳道：“你说得轻松，要不你到那些偏远地区试试！我就不信你能行！”

这位年轻的经理没有反驳，会后，他向总部申请去偏远的地区销售产品。他相信只要不怕困难，自己一定能把这些产品销售出去。不久，这位经理带着几个部下动身了，临行前，他不断告诉大家“这是提高大家能力的最好机会”，就这样，他们风尘仆仆地赶到了甘肃的一个百货大厦。大厦老总一见面就向他们大吐苦水，说还有好几千套产品积压着，并建议这位销售经理去其他商场推销。

接下来，这位经理带着自己的下属跑遍甘肃所有规模较大的商场，几天下来，却业绩了了。正当他们焦急之际，一则读者的来信引起了他们的关注，信上说那儿的一个农场由于地理位置偏远，买的电视都成了摆设。看到这则消息，年轻的经理和部下高兴极了，他们当即带上几十套样品天线，几经周折赶到了农场。

在了解了问题后，年轻的经理和自己的部下想办法做了实验，最后，他们终于找到了电视成为摆设的原因。找到了问题的症结，一切问题都变得迎刃而解。此后，仅这个农场就订了将近一千套天线。不仅这样，这个农场主还把年轻经理的天线推荐给存在同样问题的附近几个农场，结果，又帮他们销出了好几千套天线。

一石激起千层浪。短短一个月的时间，年轻的经理和自己的部下就销售了将近四千套产品。很多商场的老总也闻讯赶来，主动向他们要货，大约两个月后，年轻的经理和自己的部下自信地返回公司，公司正式下令任命这位年轻的销售经理为新的营销总监。

始终保持“亢奋”的精神状态是一种超越自我的能力。一个总是保持“亢奋”精神状态的人，是对自己的工作充满激情的人。这种人无论在什么公司工作，都会认为自己所从事的工作是世界上最神圣、最崇高的职业；无论工作的困难多大，或是质量要求多高，他们都会全力以赴，总能将问题解决，把成果带给自己和企业，这也正是他们取得巨大成功的关键所在。

总之，“亢奋”是一种最佳的精神状态，它绝不仅仅是指穿戴整齐、面净发整、精神抖擞；它代表一种能知难而上、迎难而上，在挑战中找到机遇，化被动为主动的力量。一个人若以这种状态工作，在遇到问题时，就能快速启动，随时调整，始终昂扬向上、激情洋溢、充满活力地融入到团队中。

那么，面对繁重的工作和波动的情绪，我们如何才能拥有并保持“亢奋”的工作状态呢？很重要的一点就是你首先要爱上你的工作，喜欢你的工作。只有爱上你的工作，你才能变得自动、自发，变得积极主动。稻盛和夫说：“大多数人初出茅庐，只能从自己不喜欢的工作开始。但问题是，多数人对这种不喜欢的工作抱着勉强接受、不得不干的消极态度，因此对分配给自己的工作总是感到不满意，总是怪话连篇、牢骚满腹。这样下去，本来潜力无限、前程似锦的人生只会白白虚度。”

“无论如何，必须得喜欢上自己的工作。与其寻找自己喜欢的工作，不如先喜欢上已有的工作，脚踏实地，从眼前开始。只要喜欢了，就能不辞辛劳，不把困难当困难，埋头工作。只要一心一意埋头工作，自然而然就能获得力量。有了力量，就一定能做出成果。有了成果，就能获得大家的好评。获得好评，就会更加喜欢工作。这样，良性循环就开始了。要想做出成绩，首要的就是运用自己坚强的意志去喜欢工作，除此之外别无他法。只要你这么做了，人生就将硕果累累。”

再次重温稻盛和夫先生说的那句话，“工作是磨炼人品格的最佳场所”。要想做一个称职的管理者，你就必须积极地应对工作中的一切，以充满激情的工作态度去感染自己的团队，使团队具备强而有力的执行力。

况且，行为教育最好的方式就是领导身体力行。所以，想要员工有激情，作为企业管理者的经理人，必须身体力行，起到模范作用。不管是业绩，还是职业态度，都要给团队做好榜样。只有这样团队才能自动自发，才能不断吸引人才的加入。所有成功的销售团队都有一个共同的特点：领导成功了，他带的下属才会成功，人才才会非常想要加入这个集体。

管理好自我情绪，别为小事抓狂

如果说，19世纪的黑死病是“肺病”，20世纪的黑死病是“癌症”，那么在生活节奏日趋加快的21世纪，黑死病又是什么呢？心理学家给出的答案是“不良情绪”。所谓“怒伤肝、悲伤心、思伤脾、忧伤肺、恐伤肾”，不良情绪是一种心理疾患，它就像一把利刃，既伤害了别人，又伤害了自己。从群体角度来看，不良情绪是一种流行病，这种情绪具有在人际间蔓延的特性，所以，管理者要做到控制并疏导组织内的不良情绪。

我们知道，每个企业都有一定的氛围，或称为组织情绪，如愉快的工作氛围、沉闷的工作氛围、复杂的人际关系等。这种组织情绪会影响员工的工作效率和心情，甚至会成为一个员工是否留在企业的原因。整个组织的情绪会影响和改变员工的情绪，尽管员工和组织的情绪是相互影响的，但是组织对个体的影响力量要比个体对整个组织的影响力量大。因此，从企业发展的角度来看，必须要保持良好的情绪。要做到这一点，管理者首先自己要做好情绪管理。

所谓管理，从管理对象上来说，无非包括两方面，一是管理他人，二是管理自己。管理他人与管理自己孰轻孰重，哪个更难？管理自己比管理他人更重要、难度也更大。俗话说“一屋不扫何以扫天下”，一个连自己都管不好的人，又怎能管好他人？管理的实质是影响力的发挥，事实也一再证明，一个单位或部门的管理者素质如何，直接影响着整个组织或部门的工作成效。同样，一个管理者情绪的好坏，甚至可以影响到整个公司的气氛。如果管理者经常由于一些事情控制不住自己的情绪，就会在无形中影响到整个公司的士气和工作效率。

我们经常会看到，有不少管理者都曾经因为心情烦躁，而把自己的下属当作“出气筒”，发过莫名的火。有的下属因此当场就和管理者吵起来，有的下属因此哭泣，有的下属因此无所适从，有的下属因此不求有功但求无过，有的下属因此怨恨与背离管理者，有的下属因忍受不了而离职……这些都是不良情绪所引起的。著名企管专家谭小芳老师表示，在领导者素质中，智商是基础，情商是升华。领导位置越高，情商的作用越大。管理好自己的情绪是提高情商的重要一步，那么，管理者应该如何管理好自己的情绪，做到不为小事抓狂呢？

首先，管理者要找出情绪的“导体”。著名营销管理专家、渠道及品牌营销专家李政权先生有这样一段论述：“是人都会有几分脾气。在家里和妻子吵了一架，在路上和另外一辆车发生了一点摩擦，在客户那里受到了刁难和委屈，都可能让自己‘带电’。可是，谁又是其中的‘导体’呢？就是我们这些情绪的动物自己！‘带电’并不可怕，麻烦的是自己是个导体，自己身边的人也并非‘绝缘体’，一旦遇上，就难免会电光火石地发生‘电击’事件。以前运行良好的几条‘电线’，现在却因为自己而乱糟糟地纠缠在了一起，自然会大大地影响到‘电路’的运作，对管理产生极大的负面影响。现在，我们显然需要考虑的是，如何让自己由‘导体’变为‘绝缘体’。”

其次，我们要把自己变成“绝缘体”。

如何把自己变成“绝缘体”？

李政权先生给出了答案：“一、时时告诫自己，工作之外的人和事所带来的坏情绪，只能存在于办公室的大门之外。二、提醒自己，下属不是招进来挨骂的，是请进来为自己工作，愉快地挣钱的，况且还有比发脾气更能解决问题的办法。三、即使是自己的下属错了，自己实在忍不住发脾气了，也要区分责任主体，不要让无辜者受到牵连。执行制度、赏罚分明、恩威并济，是乱发脾气的最好替代品。四、向某些人敞开自己，寻求倾听和建议。这些人可以是自己的好朋友及亲人，可以是敬重的前辈、老师或者专家，甚至还可以是自己在公司非常重视及能够让自己听进建议的人，又或者是某些电台节目的主持人。”

除了以上控制自己情绪的方法，当要发火的时候，管理者还可以尝试以下方法去改善自己的情绪。

1. 找到合适的发泄途径

可以去爬山、唱歌、游泳、踢球、泡桑拿、进按摩房，也可以来一场只有自己的旅游，甚至还可以在办公室挂上某个明星的画像，有气的时候，就朝他挥两拳等，这些都利于我们情绪的发泄。

2. 办公室的环境再好，也要尝试去办公室外走走

办公室可以是实现抱负的无限空间，但精神紧张、情绪激动的时候，它也可能成为钻牛角尖的糟糕地方。为此，当我们心情烦躁的时候，不妨尝试着到办公室之外走走，可以到办公室外面慢跑、快走、抽根烟、喝杯冷饮，抑或是望着街上的行人发一会儿呆，这些行为都可能对即将控制不住的情绪起到一定的舒缓作用。

美国《先决领导》（*Primal Leadership*）一书的作者也指出，平庸的领导人和顶尖的领导人之间的区别，即在于是否具备“情绪智慧”（Emotional Intelligence，EI）。只要能够掌握 EI，就可以达到和谐领导的境界。

孔子说：“德不孤，必有邻。”意思是说，拥有道德的人就不会是“孤家寡人”了，必然会有一些人团结在他的周围。作为一个成功的企业领导，要的不就是这种“德不孤，必有邻”的影响力和凝聚力吗？曾用激励式管理术让百年沉疴的庞然大物——美国通用电气公司（GE）起死回生的杰克·韦尔奇认为，任何企业领导者如果试图去量化他的员工的创造潜

能，并据此来给员工固定一个“发挥才能的岗位”，那就大错特错了，因为一个人的潜能是无限的，只能用“奇迹”这个词才能描绘。

也就是说，一个企业领导者如果能正确激励和感染他的员工，那么他的员工做出的成绩、所达到的目标可能完全出乎他的意料。所以，管理者一定要控制好自己的情绪，要知道，任何在办公室乱发脾气的管理者，在情绪失控的时候，实际上都把自己置身于了组织之外。之所以这样说，主要的原因就在于：一个组织不是靠发脾气来管理和运行的，乱发脾气只会对一个组织有害。

以超强的自信心面对一切

哈佛大学企业管理学教授罗莎白·默丝·坎特在其著作《信心：成功和失败性格的来龙去脉》一书中写道：“我们所走的每一步都建立在信心的基础上，即我们是否信任自己和他人能够完成承诺的目标。信心决定了我们的步伐——个人或者集体的步伐——是迟疑试探的还是大步向前的。”

销售管理者首先是一名销售员，有开发市场的责任，每天也要面对各种各样的客户和消费者，在这个过程中，销售管理者如果没有自信心，不敢开口跟客户说话，不敢把自己的产品介绍给客户，那就根本没有业绩可言。要达成交易，销售员就必须具备自信心——对自己有信心，对自己的产品有信心，能够看到公司和自己产品的优势，并把这些熟记于心，在竞争中，用一种必胜的信念去面对消费者和客户。

“人之所以能，是因为相信自己能”，也就是说，信心是取得成功的最根本原因。对于销售员而言，信心更是销售的基础。销售专家乔治特·莫贝赫说：“顶尖的销售员之所以会成功，就在于他们对自己的事业怀抱着高度的自信，这也使得他们周围的人也相信他们所推荐的产品。”要使自己成为一名卓有成效的销售员，应该努力做到：相信自己能够胜任销售工作，相信自己能够说服顾客购买产品，相信自己能够战胜销售活动中的各种挑战，无论顺境和逆境一直对销售事业充满必胜的信心。

无数成功和失败的销售案例告诉我们，销售的成功与否不仅在于产品的魅力，而且在于销售员的魅力。销售员的魅力，一个很重要的方面来自自信。销售员只有对自己充满信心，在客户面前才会表现得落落大方、胸有成竹，才会感染和征服消费者。

有一位卖地板清洁剂的销售主管到一家饭店去推销，当他推开经理室的门时，发现已有一家公司的销售代表正在扭扭捏捏地销售地板清洁剂，很明显，这位销售代表有些不自信，这位销售主管便凑过去看了看说：“经理，我也是销售地板清洁剂的，不过我的产品质量要比他的好！”说完，他就迅速地将自己销售的清洁剂往地上一泼，快速地擦了两下说：“你来看！”地上很快变得干干净净。先进来的销售员一下子呆了，更不知道怎么去应付了。饭店经理看了后，对先来的销售员说：“你以后别来了，我要这家的货了。”

可见，在销售的竞争中，谁有信心谁就能赢得机会。

在这个竞争激烈的时代，我们要想取得销售业绩，就一定要对自己充满十足的信心。销售是与人打交道的工作。在销售过程中，销售员要与形形色色的人打交道，有财大气粗、权位显赫的人物，也有博学多才、经验丰富的客户，更有刁钻的顾客，面对各种各样的人，销售员要能够说服他们，赢得他们的信任和欣赏，就必须坚信自己的能力，相信自己能够说服他们，然后信心百倍地去敲顾客的门。如果销售员缺乏自信，害怕与他们打交道，面对顾客的刁难和拒绝，动不动就胆怯、退却，那么，最终只会一无所获。所以，销售员要不断调整自己的心态，让自己时刻充满自信，迎接随时可能面对的挑战。

同时，销售管理者还是团队的领导，作为一名管理者，你的信念将决定你所带领的企业、团队的未来。如果你有坚定的成功信念，在过程中就算失败了，你也会对自己及团队说：这点挫折、失败没什么，我们一定会成功的！同时，你会带领团队采取积极的行动，克服各种困难，最终实现企业、团队的目标。如果你没有坚定的成功信念，而是抱着试试看的信念，觉得能成就成，不成就算了，那么你所带领的团队也不会有士气，在遇到困难时就会轻易放弃，最后的结果是一事无成。

此外，缺乏自信心的管理者对自己处理各种关系的能力也没有信心。美国行为和情绪管理方面的专家安娜·劳里说："在内心深处，缺乏自信心的管理者不相信自己，也不相信自己有能力对下属进行管理。他们不愿意分配任务，从而阻碍他人挑战自我、完成个人目标并从工作中获得成就。严重的时候，这种过度的责任感会在管理者和他的下属之间产生一种相互依赖的关系——管理者用功过度，而下属则相应地用功不足。有时，下属对管理者的依赖程度是如此之大，以至于一旦管理者另谋他就，整个团队就陷于瘫痪，不能运转。"所以，管理者的自信程度直接决定了一个销售团队的格局，直接决定了团队的未来。

自信是销售成功的前提，也是管理者的必备素质，销售管理者要想取得良好的业绩，要想带出出色的团队，就必须要不断培养自己的自信。其实，培养自信也不是很难，心理学家指出，自信由三个要素组成：自我形象、自我肯定、自我期许。管理者可针对这三个因素，有针对性地提高自己的自信心。

自我形象塑造：适宜的、有品位的服饰可以增强人的自信心，当遇到困难时，管理者可以给自己一身好的装束，让自己在客户和员工面前一亮，这样可让他们感觉良好；修正自己的行为动作、语言语气，既不自卑又不自大。

自我肯定：自我肯定是增强自信的好办法。可以利用积极的心理暗示，告诉自己一定能战胜困难，一定能带出最优秀的团队，以此来不断调整自己的心态，让自己不断变得自信。

自我期许：从大的方面来说，自我期许就是自己给自己设定合适的目标，通过达成目标，形成一个又一个激励；从小的方面来说，就是要做好每日的工作计划和制定每日的目标，并在完成任务之后，不断给自己提出新任务，让自己不断成长。

“乐” 在实际的销售工作中

比尔·盖茨说过：“成功的秘诀是把工作视为游戏，这似乎是所有成功者的工作态度。我们可以尽力找出能令我们兴奋的事来，把许多游戏时的方式带到工作中。无论在什么地方工作，员工与员工之间的竞争除了智慧和能力，还有态度。一个人的态度直接决定了他的行为，决定了他对待工作时是尽心尽力还是敷衍了事，是消极还是积极。态度越积极，决心就越大，对工作投入的心血越多，从工作中所获得的回报也就相应地越多。”可见，态度的力量是神奇的，它胜过一个人的能力，决定了一个人的成败，并最终决定一个人所能达到的人生高度。

有一位通用汽车公司的保险推销员，在接受了培训后，端正了自己的工作态度，他开始享受销售这一工作，并且给自己制定了一个目标：得奖。要想得奖，他就要在1周内拿出至少100份保单。到了那周星期五的晚上，他已经成功销售了80份保单，离自己的目标还差20份。于是，他下定决心：只要我相信心中设定的目标，什么也不能阻止我达到目标，我相信我能用最积极的心态去获得它。就这样，在星期六的早晨他又来到了工作岗位上。

到了下午3点，他还没做成任何一笔交易。这时，他有些灰心，但他突然记起了卡耐基先生的警句，满怀信心地把它重复了5次："我觉得我健康，我觉得我很愉快，我觉得我会大有所为！"大约在那天下午5点钟，他又做成了3笔生意，这时，离他的目标100份保单还差17份。

就这样，他继续努力着，直到最后，他终于做成了20笔生意，达到了自己所设定的目标，并获得了奖励。此后，他的工作就是在这样积极的态度下，伴随着一个又一个目标的实现而走向辉煌。他就是伟大的推销员乔·吉拉德。

这个世界上几乎所有成就伟大事业的人，都是因为凭借了一种积极的、建设性的工作态度。作为一名职业人，热爱自己的工作是成就个人理想的基本要求。如果一个人连他自己所从事的工作都不热爱，那么他就不可能用积极的态度去解决工作中的一切问题，这样，他的工作质量和效率也就不可能提高。但是，一个人对工作的态度并不是不可以改变的，我们完全可以选择用更积极的态度来应对自己的工作，让一切变得有意义起来。

实际上，工作本身没有贵贱之分，但是对待工作的态度却能让我们的工作质量有好坏之分。一切的工作都可以成为高质量的工作，关键在于你用什么样的态度对待工作。如果你选择消极的工作态度，你就会觉得工作是苦役。但相反，如果你选择积极的工作态度，你就可以把工作看成是乐趣，并在工作中实现自己的人生高度。

以往销售业绩的高低主要取决于产品的好坏或是广告行销的运用。但是今天，新的销售模式是以心理学为导向，销售力的衡量却是决定于销售员的心理态度，很多销售员认为销售工作非常枯燥，压力又大，加上经常出差，四处漂泊，过的简直就是苦行僧般的生活，难道销售员就没有办法过上快乐的上班生活吗？有！我们不妨向下面的案例中这位销售员学学，学学他从工作中获得乐趣的方法，这些方法可以帮你找到工作中的乐趣与意义。

孙坤是一家快消品企业的销售经理，在他眼里，销售工作到处充满了乐趣，充满了美妙。他是怎么做的呢？

1. 把销售目标当作挑战

销售是面临拒绝最多、压力最大的行业之一，以致让很多人都如履薄冰，而每月的营销目标更让人压力重重。但孙坤却把这些看成是战胜自我、挑战自我的良机，他觉得销售中充满了征服自己的豪迈与乐趣。

就拿开发新市场来说吧，这是很多人都不愿去做的事，因为开发新市场、洽谈新客户是一项艰难的工作，很多销售员都不敢问津，而孙坤每次却主动请缨，尽管每次开发新市场、洽谈新客户也是困难重重，但看着自己新开发的市场销售额一路飙升，一种从未有过的满足感、成就感油然而生。

2. 把销售市场当作免费的课堂

销售是一门学问，需要和形形色色的人打交道，而运作市场更需要运用多门学科，包括心理学、营销学、管理学等。很多销售员对此缺乏深入的了解和探讨，所以，即便是工作多年，仍然没有太大的进步和发展。孙坤却能够把市场当作课堂，对销售这个行业进行深入的钻研，真正做到了“术业有专攻”。

通过活学活用，孙坤已经逐步建立起了自己的营销操作体系和模式，并且各个体系经过多个市场的实践，效果都不错。同时，通过与身边的人打交道，他摸索出能使自己获得客户喜欢的三大法宝，即微笑、掌声和赞美，从而让他获得了很好的人缘，使自己不仅得到内在的提升，伴随着操作市场能力的不断加强，现在，孙坤已经成为了一专多能的复合型人才。

3. 把出差当作免费的旅行

出差是一件让人费心又费力的事情，但调整一下思路，也许感觉就会不同。每一次出差，在孙坤看来都是一次短暂的旅行。因此，他在出差期间总能享受到异域的风情。在出差的过程中，他也总能通过与各级客户沟通，了解到当地的风土人情、历史渊源、名人逸事等，这些都使他对生活充满了热爱。同时，在推销过程中，他还经常把自己看到和了解到的历史典故、人文景观等，与客户共同分享，从而拉近了与客户的距离。孙坤说，出差不仅开阔了自己的视野，而且让他找到了与客户有效沟通的桥梁。

4. 每天给自己积极的心理暗示

在心理学中，有一个“假装效应”，意思是如果你实在不喜欢某件事或者某件东西，不妨先假装喜欢它。渐渐地，你就会发现，如果一开始你是假装喜欢，时间一长，你就会真喜欢它了，这就是假装效应。同样，如果你能将假装技巧应用到你的销售工作中去——假装对销售感兴趣的话，慢慢地就会使你的兴趣变成真的，并且可以减少你的疲劳和紧张，以及你的忧郁。

孙坤在每天早上出门之前，都会对着镜子跟自己说："如果你要生活得很好，就一定要做好这件事情。既然你非做不可，为什么不做得快乐一点？为什么不在每一次敲客户门的时候，就假想你自己是一个演员，你正在拍戏，导演他们正在旁边看着你呢？因为你现在做的事情，就像在拍电影一样有趣，所以为什么不开心一些呢？"

怎么样？通过孙坤的经历，你有何感想？其实，营销中也是充满乐趣的，就看你能不能发现、善于不善于发现。善于发现营销之乐，将使营销工作不再乏味与单调，从而对营销充满向往。这样才能让自己一如既往地热爱营销、快乐营销。

多多少少要有那么一点偏执狂精神

偏执狂在20世纪初被定为一种精神病，但既非精神分裂症，也不是情感障碍。偏执狂发展到后期，慢慢地出现很多积极的评价。"只有偏执狂才能生存"，这几乎已经成为安迪·格鲁夫的一个商标。的确，"只有偏执狂才能成功"。微软比尔·盖茨之所以成功，是因为对电脑软件的偏执；阿里巴巴马云之所以成功，是因为对电子商务的偏执；百度李彦宏之所以成功，是因为对中文搜索的偏执。

何为偏执？就是对某种事物的无比狂热。正因为狂热，所以才能坚持不懈，最终才能成功。

“这个世界只有偏执狂才能成功”这句话乍听上去好像没有什么道理，但其实，仔细想想还真是现代社会生存的一个重要法则，没有雷打不动的坚持，哪来成功？成功不会像从天而降的馅饼那样落入你的手中，成功需要一种炽烈的欲望，有了这种欲望，一个人才能专注，才能坚持梦想，就这样，到最后，他便成功了。

1930 年 3 月 27 日，对于还一事无成的原一平来说是个不平凡的日子。这一年，27 岁的原一平揣着自己的简历，走入了明治保险公司的招聘现场。一位刚从美国研习推销术归来的资深专家担任主考官。他瞟了一眼面前这个身高只有 145 厘米、体重 50 公斤的“家伙”，抛出一句硬邦邦的话：“你不能胜任。”

原一平简直惊呆了，好半天回过神来，结结巴巴地问：“为什么？”

主考官轻蔑地说：“老实对你说吧，推销保险非常困难，你根本不是干这个的料。”

原一平被激怒了，他头一抬：“请问进入贵公司，究竟要达到什么样的标准？”

“每人每月 10000 日元。”

“每个人都能完成这个数字？”

“当然了。”

原一平不服输的偏执劲儿上来了，他一赌气：“既然这样，我也能做到 10000 日元。”

主考官轻蔑地瞪了原一平一眼，发出一阵冷笑。

尽管原一平“斗胆”许下了每月推销 10000 日元的诺言，但他并未得到主考官的青睐。他勉强当了一名“见习推销员”。没有自己的办公桌，没有薪水，在最初成为推销员的七个月里，他连一分钱的保险也没拉到，当然也就拿不到分文薪水。最难忍的是，他还常被老推销员当“听差”使唤。但这一切，都被原一平忍受了下来。后来，为了省钱，他只好上班不坐电车，中午不吃饭，晚上睡在公园的长凳上。

但这一切困难都没有使原一平退却。他把应聘那天的屈辱看作一条鞭子，不断“抽打”自己，整日奔波，拼命工作。为了不使自己有丝毫松懈，他经常对着镜子，大声对自己喊：“全世界独一无二的原一平，有超人的毅力和旺盛的斗志，所有的落魄都是暂时的，我一定要成功，我一定会成功。”他明白，此时的他已不再是单纯地推销保险，他是在推销自己。他要向世人证明：“我就是干推销的料。”

就这样，他每天精神抖擞，清晨5点起床从“家”徒步上班。一路上，他不断微笑着和擦肩而过的行人打招呼。有一位绅士经常看到他这副快乐的样子，很受感染，便邀请他共进早餐。尽管他饿得要死，但还是委婉地拒绝了。当得知他是保险公司的推销员时，绅士便说：“既然你不赏脸和我吃顿饭，我就投你的保好啦！”终于，他签下了生命中的第一张保单。更令他惊喜的是，那位绅士是一家大酒店的老板，还帮他介绍了不少业务。

从这一天开始，否极泰来，原一平的工作业绩开始直线上升。到1930年年底，一统计，他在9个月内共实现了16.8万日元的业绩，远远超过了当时的许诺。公司所有人都对他刮目相看，这时的成功让原一平泪流满面，他对自己说：“原一平，你干得好，你这个不吃中午饭、不坐公车、住公园的穷小子，干得好！”

从原一平的故事中，我们不难看出，他之所以成功，很重要的一点就在于他的偏执狂精神，他不相信自己干不好销售，他觉得自己就是干销售的料。正因为他的偏执精神，才让他不服输，才让他时刻想着证明自己，才做到了坚持、坚持、再坚持。

曾经有人问一个成功的销售员：“一个推销员成功的秘诀是什么?”“很简单：坚持——死磕式的坚持——一种绝不轻言放弃的偏执劲。”对销售员来说，具备了偏执精神，才会有强烈的求胜欲，才会有足够的冲劲，而冲劲是销售员难能可贵的气质。所谓冲劲简单地说就是销售员在开发客户或销售产品时，表现出的争强好胜的干劲。有人说如果把执行力和韧劲归结为成功销售的敲门砖，那么冲劲就是销售员打开销售之门的金钥匙。

陈安之说，要成功先发疯，头脑简单向前冲，“发疯”其实就是一种偏执精神，只有到了“疯狂”的程度，我们才能有浑身的冲劲。每个人都希望成为企业最喜欢的员工，每个销售员都希望自己成为业绩突出的销售高手，要实现这个目的，销售员就要有意识地培养自己的偏执精神，让自己变得冲劲十足。

第三章 目标是点燃销售团队成员激情的火种

著名的管理大师彼得·德鲁克在《管理的实际》一书中说道："企业需要的是一种管理原则。这种原则将使个人的力量和激情充分发挥出来。与此同时，为人们的注意力和努力指明方向，建立起协作关系，并使个人的目标与公共的利益相互协调，那么，能够承担此重任的方法是目标管理。"所以，优秀的管理者一定要记得赋予你的团队明确的目标。

打造赢销特种兵
做最强的营销战队

目标，绝不仅仅是方向，更是一种要求

1954年，德鲁克最早提出了“目标管理”的概念。德鲁克认为，“企业的使命和任务，必须转化为目标”，因为对于管理者来说，并不是有了工作才有了目标，而是有了目标才能确定每个人的工作。他认为，如果一个领域没有目标，那么这个领域的工作就会受到忽视。因此管理者必须通过目标对员工进行管理。

“目标”就是我们要追求的结果。我们锁定目标就是要实现目标，将目标变成结果。结果影响着所有企业的发展。那么，我们如何才能确保得到结果呢？美国《财富》《哈佛商业评论》特约管理专家撰稿人姜汝祥先生在其著作《请给我结果》中给出了16个字：结果提前，自我退后，锁定目标，专注重复。因此，我们不难看出目标之于结果的重要性。锁定了目标，一个人才能不顾一切地专注于结果。对管理者而言，要点燃员工这种“不顾一切”的激情，促进员工专注于结果，很重要的一点就是要给员工制定有效的目标。

《致加西亚的信》是出版家阿尔伯特·哈伯德所著的一本具有空前影响力的著作。这本书的主人公——罗文的身上，体现出了一种不达目的誓不罢休的伟大精神。“把信送给加西亚”——这个特殊的目标让罗文有了前进的动力。因为有了伟大而明确的目标，罗文才有了不顾外界干扰，甚至牺牲生命也要达成目标的决心。正是因为对目标抱有的这种激情、韧劲、狠劲、执着，最终罗文成功完成了任务。同样，对于一个人、一个团队而言，要想排除干扰，就必须有明确的目标。有了明确的目标，就等于有了明确的努力方向，员工才能有奔头；有了明确的目标，就等于有了明确的做事要求，员工才不会偏离成功的轨道。卓越的管理就是一个不断给员工和团队树立目标——明确方向和要求，让团队清晰努力方向和要求，不断激励员工充满激情向前进的过程。

在销售的过程中，销售员难免会遇到客户的各种拒绝，难免会产生失败感，甚至很多人会因为许久不能产生业绩而自暴自弃，在这样的情况下，管理者如何才能提升大家的斗志？很重要的一点就是为团队制定一个充满诱惑力的目标。通过制定一个充满诱惑力的目标，一方面，让大家认识到在实现这个目标的过程中，困难和挫折都是难免的、暂时的，避免大家被暂时的失败蒙蔽了眼睛而失去努力方向；另一方面，要让员工认识到这种充满诱惑力的目标是可实现的，只要大家付出更多努力，这个有诱惑力的目标就能成真。如此一来，才能振奋团队士气，激发大家的热情。

当然，一个充满诱惑力的目标绝对不仅仅是一个宏观的风向标，让员工在挫折与困难中不迷失方向，它更应该是一系列微观的小行动和具体的要求，即让员工在努力的过程中，清晰地知道自己所要走的每一小步，这样，员工的工作就会更有针对性。如何才能做到这一点？这就需要管理者细化目标。

细化目标主要包括两个方面的要求：一是分解大目标；二是定出具体的行动要求。我们知道，一般来说，大的目标多是笼统而抽象的，不便于测量与操作，这就削弱了对员工积极性的刺激作用。但如果将笼统的总目标分解为多个具体、精确的小目标，不仅便于执行，其激励作用也会更加明显。毕竟小目标的实现是相对容易的，在实现了一个小目标后，我们就能及时地得到一个正面激励，这会增强我们追求下一个目标的信心，以此类推，这对实现我们的大目标是非常有利的。比如，在销售中，管理者和下属都会有月度目标，为了更好地达到目标，最好把月目标划分为每周和每天要达成的目标，让我们的工作有步骤地进行。

将大目标分解，化成一个个小目标，这会使我们的行动具备较强的可操作性。但是，只细化了目标是不够的，要确保执行到位，管理者还应该定出具体的行动要求。如果再进一步将完成每一个小目标所需要的条件、要求、相应的责任以及达成目标的奖惩措施等罗列出来，那么，我们行动起来就会更加有针对性，我们的目标战略才会真正达到“把握重点、集中精力”的效果。

在制定具体的行动要求时，通常我们会用到销售目标分解责任书，其内容包括：销售目标的主题——要可操作、可实施；达成目标的具体的销售数字——要具体、真实、有挑战性；销售目标达成的期限——要明确、具体；达成目标的方法和措施；每一个模块的相关负责人；负责人的具体任务；奖惩条件；奖惩方式及内容等。有了这一系列具体的要求，销售团队的目标才不会成为空谈，不会成为口号，尽管销售目标分解责任书做起来需要花费一些时间，但它却保证了目标的坚决兑现和执行，所以，对于管理者而言，目标责任书一定要制定，对于员工而言，目标责任书一定要签订。

在制定出具体的完成任务的要求后，为了确保目标执行的到位，不管是销售的管理者还是员工，我们还需要做一件事情，那就是：为你的目标打上时间戳。

你的月度销售目标确定了，也已经分解成了周目标和天目标，可是你还缺点东西，那就是每一个被细化了任务的时间戳。注意，这个时间戳和前面的每一个任务的完成时间可不是一个概念。完成时间是一个时间段，比如四天。而时间戳是一个绝对时间，比如1 月2 日晚九点。明白了这一点，现在就开始给你的计划打上时间戳吧。尽管要想很合理地安排时间戳是一个不容易的任务，但至少你有了一个线索，这会让你每一天的工作更加有针对性。同时，有了具体的时间要求，就是给自己或者下属适当的压力，而适当的压力恰恰可以激发人内在的激情。

妥善制定目标， 点燃销售员心中的欲望

什么样的目标最能激发人心中的欲望？通用公司前总裁杰克·韦尔奇说："跳起来才能够得到的目标最具激励作用。"给员工制定跳起来才能够得到的目标——这是通用公司前总裁杰克·韦尔奇常用的激励员工潜能的办法。他曾说过："在我的管理生涯中，我不断为每一位员工提供跳起来才够得着的富有挑战性的工作，由此造就了了不起的通用员工，然后，再由他们造就了了不起的产品和服务。"

与一般的目标不同，"跳起来够得着"的目标不是高得离谱的目标，高得离谱的目标，员工一听就会恐惧；"跳起来够得着"的目标也不是刚好完成的目标，刚好完成任务不能让员工收获成就感；"跳起来够得着"的目标更不是过低的目标，过低的目标员工轻而易举地就能达到，很容易使员工失去工作激情，对激励员工无益。那"跳起来够得着"的目标到底是什么样的目标？

打个简单的比方来说，如果员工自身的能力是100%，那么"跳起来够得着"的目标就需要有110%或115%的能力才能实现，但对员工来说，这10%或15%的能力增长是完全可能的，管理者只要协助员工找到达成目标的方式，那么，这个"跳起来够得着"的目标不但不会使员工恐惧，反

而能唤起他们不断挑战的激情，激励他们充分发挥自己的潜能。

要给员工制定“跳起来够得着”的目标就要明白这个目标所包含的两层意思：第一，这个目标必须要跳起来才能完成，它需要一个动作“跳”，需要员工使一把劲才能完成这个目标，而不是一站起来伸手即可实现，更不是躺着、坐着就能实现的。“跳”这个动作正是员工积蓄能量、能力爆发的过程，经由这个过程，员工的潜能量才真正被唤醒。第二，这个目标必须是能够得着的，“够得着”强调目标一定要具有可操作性。也就是说经过员工的不断努力和提升，这个目标是能够实现的。

什么是可操作性？简单来说就是能“做”，就是有条件完成一件事情。如果一件事情在生活中想象得很好，但根本实现不了，这不叫“可操作”，只能叫作“空想”。

下面要讲的故事中母鸡的想法很好，但就是实现不了，这就是典型的“空想”。

母鸡吃尽了黄鼠狼的苦头，一天，母鸡大王组织召开了一个母鸡会议，紧急商讨怎样对付黄鼠狼吃母鸡的问题。会上，各个母鸡踊跃发言。最后一只最聪明的母鸡想出了办法：“对付黄鼠狼的唯一办法就是：防。我们可以在黄鼠狼的脖子上挂个铃铛。只要黄鼠狼一动，就有响声，我们就可事先得到警报，躲起来。”众母鸡欢呼雀跃，个个称赞是好办法。但是，谁去执行这个挂铃铛的任务呢？大家找各种理由推托，到最后，也没找出一只敢于将铃铛系到黄鼠狼的脖子上的母鸡。就这样，母鸡大王直到死，也没有实现这伟大的愿望。

很明显，在这个故事中，母鸡制定的这个目标就不是一个“跳起来够得着”的目标，因为不管母鸡们怎么“跳”，这个目标都“够不着”，都不可能完成。因为对这个目标而言，母鸡根本就不具备可以完成的条件，也就是这个目标根本就没有可操作性。所以，管理者在给员工制定目标时一定要考虑可操作性，否则，再好的目标也只能成为空想。也就是说，激励性的目标要有挑战性，更要注意目标的现实性，如果我们制定的目标下属跳起来也够不着，那么大多数人的反应就是“破罐子破摔”。管理者到底该如何给员工制定“跳起来够得着”的目标？

制定“跳起来够得着”的目标的基本策略是：在了解员工当前工作水平与潜力的基础上，先多后少，从粗到细，将预设、调整与动态生成结合起来。“先多后少”就是先考虑大多数员工的水平，再考虑差员工与优秀员工，这样便于管理者制定一个合理的有挑战性的整体目标。“从粗到细”就是相对于制定的整体目标，管理者要考虑每个员工的个性差异，将整体的大目标细化为不同层次员工的挑战性目标。“将预设、调整与动态生成结合起来”就是指管理者在为员工预设了挑战性目标，要根据工作的实际情况，在工作过程中不断调整预设的工作目标，使之更适合员工的实际，并动态生成新的具有挑战性的目标。

有位管理学家说过：“如果你给下属80%的工作，他的能力就会退步；如果你给下属100%的工作，他的能力会停步不前；如果你给下属120%的工作，这会使他的能力取得突破性的进展。”因此，优秀的管理者一定要懂得适时给下属制定“跳起来够得着”的目标。

其实，管理者为员工制定一个“跳起来够得着”的目标，这和销售团队的目标分解一定要坚持“自上而下去分解”的原则有异曲同工之妙。什么是“自上而下去分解目标”的原则呢？在解释这个问题之前，我们先看如果一个营销团队的目标从下而上来制定，会出现什么情况呢？

在一次管理人员大会上，公司总经理让每一位营销管理者进行来年团队销售计划以及销售业绩目标的制定，这时候，销售一部的经理王林算了一下就说出了自己团队的销售目标，其他的部门经理思考了半天，还没有说出一个数字。

到最后，所有营销部门都把业绩目标报完之后，王林部门的业绩目标是所有营销团队业绩目标中最低的一个。最后才得知，王林目标的制定方法是先让下属写下下一年的销售业绩目标，等到开会他把所有人的加在一起，就得出了整个团队的业绩目标。

王林这样的目标制定得合理吗？肯定不合理！

一般来说，在一个营销团队，很多销售员自己制定的目标都非常保守，甚至是不用怎么努力就可以完成的那一种，根本没有挑战性，管理者在这样的基础上，制定整体目标，其结果就是自己的营销团队在市场竞争中一定没有战斗力和挑战性。所以，要带领团队创造更高的业绩，管理者在确定自己的目标时不应该是从下而上相加，而应该是自上而下适度分解。

比如你的销售团队目标是3000万元，下面有6个员工。在每一个员工制定目标的时候，他们都希望自己的目标少一点，这样压力就会小一点，如果你让每一个人做500万元，加在一起刚好3000万元，如果有一个人出现了问题，那么，整个团队的目标就很难完成。可如果这样调整一下呢：

第一个人能力非常强，业绩一直非常优秀，就让他多做一些，可以定在700万元。

第二个人能力还不错，但优点不如第一个，就给他定目标650万元。

第三个人比第二个人稍差一点，可以给他定600万元。

第四个人比第三个人稍差一点，目标定在550万元。

第五个人水平一般，目标定在500万元。

第六个人水平比较差，目标定在400万元。

这样加在一起就是3400万元，比你的总目标要高，同时也结合了他们每一个人的能力。这样的目标分解相对比较合理，也能激发他们的挑战欲望。

激活团队成员激情的目标制定法则

目标管理使组织内的每个部门、每个人都有明确、具体的目标，都有明确的具体的方向。目标管理运用得好，既可激励领导，又可激励员工。从对组织成员的激励角度来说，目标管理能够最大限度地激发卓越人才必须的一项基本素质：主动达成甚至超越目标的自我要求。德鲁克说：“目标管理的最大好处，也许就是使接受者控制自己的绩效表现成为可能。”即人们为了达成目标，会不断给自己提出更高的要求，会最大限度地付出努力而不是敷衍了事。足可见，目标对于激活人们的激情是相当重要的。

当然，要制定出一个能激活团队成员激情的目标并不是一件容易的事，它必须遵循一定的法则，不遵守原则制定出的目标，不能算是合格的目标。不合格的目标就无法激发销售员的激情，那么，在制定目标时，管理者应该遵循什么原则呢？一定要遵循SMART原则，即制定目标时必须是具体的（Specific）、可衡量的（Measurable）、可达到的（Attainable）、相关联的（Relevant）、有时间限制的（Time - based），SMART原则强调了五项指标，制定目标时，缺少任何一项指标都不能算是合格的目标。

S（Specific）——具体性，所谓具体就是目标要相当明确，要能用具体的语言清楚地说明要达成的行为标准。很多团队不成功的重要原因之一就是目标定得太不具体，模棱两可，执行起来比较随便。比如我们的销售目标是“增强服务意识”，这种对目标的描述太不具体，太模糊了，因为增强服务意识有太多具体的做法，比如，将过去的客户投诉率从4%降低到2%；提升服务速度；采用规范的服务流程等。有这么多种增强服务意识的做法，管理者所说的“增强服务意识”到底针对哪一块？根本就不明确！员工执行起来，针对性肯定比较差。最重要的是目标模糊，管理者根本就没有办法评判、衡量。可如果这样定目标，那结果就不一样了：“我们要在月底前把前台收银的时间控制在一分钟内。”目标具体可衡量，员工执行起来有针对性，积极性就会比较高。

M（Measurable）——衡量性，衡量性就是指目标有明确的数据，不模糊。明确的数据是衡量是否达成目标的依据。如果制定的目标没有办法衡量，就无法判断这个目标是否实现。比如，“为所有的新销售员工安排进一步的指导培训”这个目标，“进一步”这个概念，到底指什么？是不是不管效果好坏，只要安排了这个培训都叫“进一步”？这个目标根本就不可以衡量。如何让这个目标可衡量？应该规定出“在什么时间完成对新销售员的关于什么主题的培训，并且在这个课程结束后，新员工达到了什么标准才算合格”等，这样目标才变得可以衡量。

目标的衡量标准遵循“能量化的量化，不能量化的质化”原则，可衡量性应该首先从数量、质量、成本、时间、上级或客户的满意程度五个方面来进行，杜绝使用形容词等概念模糊、无法衡量的描述。

A（Attainable）——可接受性，即符合实际。目标是让员工执行的，这就要求员工能接受才行。如果上司利用一厢情愿地把自己所制定的目标强压给下属，不在乎下属的意见和反应，这种做法会让员工产生心理和行为上的抗拒。一旦这个目标真完成不了，下属有一百个理由可以推卸责任：我早就说了我肯定完成不了这个目标，但你坚持要压给我，这责任不在我。因此，为了减少下属的抗拒心理和行为，领导者应该更多地吸纳下属来参与目标制定的过程，即便是团队整体的目标。况且，让员工参与目标的制定，员工能感觉到自己被重视，自然能激发员工的激情。

R（Relevant）——实际性，目标的实际性是指在现实条件下是否可行、可操作，是否符合现实条件。不具实际性的目标有两种情况：一种情况是领导者乐观地估计了当前形势，低估了达成目标所需要的条件，以至于下达了一个高于实际能力的指标；另一种情况是目标可行，但实现了目标根本就没有多大实际意义。

一位销售经理定的目标是：在上月早餐销售额的基础上，本月早餐时段的销售额提升20%。算一下，这可能是一个3000元的利润概念，这是一个相对来说比较低的数字。但为了完成这个目标，他们要投入多少？很多时候，这个投入比起利润要更高。它不是一个好目标——就在于它花了大量的钱，最后还没有收回成本。

T（Time－based）——时限性。目标的时限性就是指目标是有时间限制的。例如，销售员A将在2015年5月31日23时之前完成多少销售额，5月31日23时就是一个明确的时间限制。没有时间限制的目标没有办法顺利执行，因为上下级之间对目标轻重缓急的认识程度不同，上司着急，但下属不知道，到头来上司暴跳如雷，而下属却觉得委屈。况且这种没有明确的时间限定的方式也会使考核无法公平执行，既伤害工作关系，又伤害下属的工作热情。

所以，目标设置要具有时间限制，根据工作任务的权重、事情的轻重缓急，拟定出完成任务的时间要求，定期检查项目的完成进度，及时掌握项目进展的变化情况，以方便对下属进行及时的工作指导，以及根据工作计划的异常情况变化及时地调整工作计划。总之，无论是制定团队的工作目标，还是员工的绩效目标，都必须符合上述原则，五个原则缺一不可。

鼓励团队成员制定个人目标

个人目标是一个人前进的方向，方向是指引人走向成功的必要因素。要想成为成功的人，首先必须有明确的人生目标。没有人生目标，也就没有具体的行动计划；没有行动计划，做事就会敷衍了事，临时凑合，也就没有责任感，更谈不上什么坚强毅力、斗志昂扬了。

没有目标，才能和努力都不会有结果。销售员作为公司的一线人员，如果没有自己的奋斗目标和行动计划，那么其销售工作就无从下手，即使是走访几家客户，如果漫无目标，其成功率也会非常低。更何况，与一般的工作相比，销售中有更多困难、拒绝和失败，一个销售员只有确定了目标，才能勇往直前，不被暂时的困难和短暂的失败吓倒。

没有目标的销售就好像是没有航标的船，只能在江面随波逐流。没有目标，销售员无法对自己的工作成绩进行评估和总结。不能给自己一个正确的评估，销售员就会失去前进的动力；不能及时做好总结，销售员就不能做到及时改进，不能取得更大进步，甚至其业绩也会停滞不前。如此一来，销售员肯定会慢慢失去对工作的热爱。所以，要激发销售员的激情，销售管理者就要积极鼓励团队成员制定个人目标，其个人目标应该包括两方面——长远职业目标和当下业绩目标。

我们知道，一旦销售员对工作失去热爱，其后果不堪设想。面对失去激情的销售员，太多的管理者开始一味地强调让他们调整心态，这其实就好比是空头支票，怎么调整，调整成什么样子，员工只会更加迷茫。其实谈论心态问题还不如谈论个人发展来得比较实际。

个人长远发展——这是一个方向，管理者帮助员工制定一个好的职业规划，帮助他们建立一种“为自己盖房子”的思想，更能长久地激发出他们的热情。而且销售是青春职业，销售员一旦到了35岁就要面临转行的关口，他们当中很多人要重新做出选择，职业规划至关重要。

事实上，当一个人有了明确的目标意识，他就会自觉地为此努力奋斗，其执行力就会大大提高。目标作为一种诱导，具有引发、导向和激励的作用。一个人只有不断追求高目标，才能开启其奋而向上的内在动力。每个人实际上除了金钱目标外，还有如权力目标或成就目标等目标。管理者就是要将每个人内心深处的这种或隐或现的目标挖掘出来，并协助他们制定详细的实施步骤，在随后的工作中引导和帮助他们努力实现目标。

管理者如果真正能结合企业实际和个人职业素质，帮助销售员制定科学而现实的职业规划，比如制定销售员一年后、两年后、三年后、五年后的职业规划，并告诉销售员达成职业规划还需要哪些方面的提升，借此使销售员有奔头、有方向，他们就会对公司的发展产生热切的关注，对工作产生强大的责任感，平时不用别人监督就能自觉地把工作搞好。这种目标激励就会产生出强大的效果。当然，要想实现以目标激励员工，管理者还需要改变公司目前中层的管理风格，与员工进行全面沟通，我们才能发现员工内心深处真正的需求，目标激励设定，只有在双方相互了解和信任的基础上才能较好地发挥效能。

帮助销售员制定出长远的职业目标后，要想使他们在日常工作中在尽可能短的时间内取得较为不俗的销售业绩，管理者还要鼓励他们制定出明确的业绩目标。销售员制定出明确的业绩目标威力是巨大的：使其充分了解自己每一项工作的目的；使其知道什么是最重要的事情，有助于合理安排时间；迫使其未雨绸缪，把握住尽可能多的成交机会；使其能清晰地评估每一个工作的进展，正面检讨每一个工作的效率；使其在没有得到结果之前，就能“看”到结果，从而产生持续的信心、热情与动力。

当然，在鼓励销售员制定明确的业绩目标时，为了确保其目标能发挥作用，管理者还要检查他们制定的目标的合理性。所谓目标的合理性就是销售员制定出的目标一要符合自己的能力，二要符合客户的需求规律，三要注重目标的实效。

销售员的目标符合自己的能力，就是所制定的目标既不能过高，不能达不到，过高会让他们丧失信心，也不能过低，过低就不会起到激励作用，等于白设置。要做到目标符合能力，销售员就要对自我的性格、能力等方面有一个综合的分析，在自身所拥有的能力范围内制定目标。

目标符合客户的需求规律，就是制定目标必须以事实为基础，以客户为中心，从客户的购买习惯、购买需求着手，时时刻刻把握客户的购买规律。作为销售员，很多人一定遇到过这样的现象：同样的目标在面对不同的客户时，会出现两种不同的结果。为什么？因为很多人的目标忽略了很重要的一点，即客户的消费规律和购买逻辑。因此，在帮助员工制定销售目标的时候，管理者一定要把这个条件充分地考虑进去。

所谓注重目标的实效，就是指销售目标要成交量而不要拜访量。制定目标是为了达到一个结果，没有或者无法达到预期结果的目标，不能称为真正意义上的目标。对于任何人来说，目标只是一个起点，要达到的结果才是终点。对于一个销售员而言，最终达到了什么结果才是衡量目标是否实现的标准。那么，这个结果是什么呢？其实，是我们经常说的“成交量”而绝非“拜访量”，因为只有有了足够的成交量才能保证有更大的业绩。

将团队整体目标与个人目标有机地相结合

一个著名的企业家的儿子问父亲怎么做管理，老企业家拿出了一根绳子放在桌上，让他把绳子往前推。儿子就从后面往前推绳子，但怎么推都不行，一推绳子就弯了。这时候，老企业家说："你何不从前面去拉这根绳子?"儿子一拉就把绳子拉动了。老企业家说："管理其实非常简单，你需要用目标把大家拉动起来。"管理就是指出目标和方向。

管理者你们自问过这个问题吗：下级期望从我们这里得到什么？其实，下级最希望从管理者身上得到的东西非常简单：一个是目标；另一个是告诉我这个目标和我有什么关系，如果我完成了目标，我能得到什么。从这里，我们不难看出，管理者的一个根本任务就是为下属定目标。定下目标，管理上 50% 的事情就做到了，那么剩下的 50% 是什么？剩下的 50% 就是要让员工明白团队目标和员工个人目标之间的关系，以达到让员工能将团队整体目标与个人目标有机地相结合这个目的。

如果员工不能将团队整体目标与个人目标有机地相结合，结果会怎样？实践表明，团队中各种不良状况的存在往往是由于团队目标和个人目标不相容。在这种情况下，个人目标无法得到承认和实现，也为团队目标的顺利实现带来了障碍。所以，管理者要做的就是整合团队目标与个人目标，使其达成一致。

一般来说，在一个团队中，个人目标主要表现为团队成员希望在团队中通过努力所要达到的结果。包括提高职位、增加工资、改善环境、改善生活、实现抱负、一视同仁和社会承认等。而团队目标则应该由团队成员共同努力去实现。所以，从这个角度来说，个人目标与团队目标应该相辅相成，而且必须是协调一致的，那么，管理者该如何使团队目标与个人目标很好地结合在一起，保持一致呢？最有效的办法就是让员工参与目标设置。

管理大师彼得·德鲁克说："一项既定的目标，即使是十分科学的，要他人来认知和认同也是十分困难的。然而，如果一项管理目标不能被下属所接受，并转化为下属自己的目标，那么这项目标的实施就会遇到障碍。只有那些实现了上下同欲的目标，才能充分调动执行者的积极性、主动性和创造性，使管理目标得到切实有效的贯彻和执行。怎样才能做到这一点呢？请下属参与目标的制定是有效的手段之一。”德鲁克还指出，目标管理的精髓就在于实现了组织目标和个人目标的完美结合，而其中最关键的一环就是：请下属参与目标的制定。这种原则在管理学中是至为重要的。

员工参与目标设置，最大的吸引力就在于它强调了把组织的整体目标转化为个人的具体目标。这里的目标是用参与决策制定的目标代替强加的目标，它再也不是单方面由团队领导制定好目标后分派给成员，而是在明确团队使命的前提下，由团队领导和成员共同制定目标，承诺在一定的时间期限内，经由共同努力而实现的目标。

请下属参与目标的制定，可以让他们感受到企业对他们的重视，使他们认识到自己的主人翁地位，从而发自内心地产生出与管理者一致的看法，并促使自己为实现目标而自觉行动。特别是一些重大的目标，如果让员工参与制定，当他们对目标产生了认同感之后，那么，他们不仅会身体力行，更会以极大的热情宣传目标，使目标得到更多人的认同，以至顺利实施目标。此时，因为这个目标在情感上得到了大家的认同，所以，大家就会自觉地把它转化为自己的目标。

当然，请下属参与目标的制定，也会带来许多问题，如浪费时间、议而不决等，如何解决这些问题呢？要解决这些问题，管理者与下属一起制定目标时，一定要注意以下几个方面。

1. 限定主题

为了防止参与者将一些无关紧要的事情也扯进来，导致浪费时间，偏离决策目标，在共同确立目标之前，管理者就要提出自己对目标的设想，为参与者指明方向，提供思路。

2. 协调纷争

在共同制定目标的过程中，争论不可避免，毕竟各部门和个人都是从不同的角度出发才提出提议的，如何解决纷争？这就要求管理者在完善目标时，可以对各方达成一定程度的妥协，尽量使目标在更为广大的范围内得到认同。

3. 信息共享

要使目标得到深度讨论，管理者在制定目标前，一定要给下属提供充分的事实资料，以使其制定目标时有深度思考的依据，而不是仅仅把思想停留在表面上或者仅仅是在猜想。

一位著名的管理家说："没有什么比员工把企业目标转化为个人目标能产生更大的生产力的了，这等于抓住了提高管人成效的'七寸'，在这个虚与实的结合点上，企业的一切目标问题都变得容易解决了。"所以，优秀的管理者一定要想方设法将团队的整体目标与团队内成员的个体目标结合起来，如此，企业中的目标管理才能变得轻松起来。

第四章 让激情充溢于销售流程的每一个环节

优秀的销售员与平凡的销售员有一个很大的差异就在于：优秀的销售员非常清楚整个推销过程的流程，也懂得每一个环节中应该遵循的游戏规则，更充分了解每一个环节制胜的关键所在，因此他们能够在销售领域出类拔萃，业绩长红。

打造赢销特种兵
做最强的营销战队

重新认识一下销售的基本流程

很多人一谈到销售，就简单地认为是“卖东西”，这只是对销售很片面的理解。正因为对销售理解不全面，所以在实际销售中，我们会看到许多销售员拼命地预约、讨好客户，跑折了腿、磨破了嘴，可客户就是不买账。他们总是一见到客户就迫不及待地介绍产品、报价，恨不得马上成交，可客户就是无动于衷。为什么？究其原因，是他们并不了解销售的流程，一上来就大讲特讲产品，谁不反感？其实，销售是有规律可循的，就像拨电话号码，次序是不能错的，错了次序，自然就不会成功。下面我们就来认识一下销售的基本流程。

1. 销售准备

销售准备是达成交易的基础，要打出漂亮的销售战，销售员必须要做好以下准备工作：

（1）认同公司的企业文化。

（2）掌握产品的全部特性。

（3）了解行业的特征和竞品特点。

（4）具备一定的营销专业知识。

2. 调动自我情绪

良好的情绪管理是销售成功的关键，所以，无论你遇到什么挫折，在拜访客户之前，先调整好自己。谁都知道，情绪是会传染的。试想当你跟客户面对面沟通时，如果在他面前你充满自信，那你自己在谈判的时候一定也会发挥出更好的水平，而对方受你的感染，这会对你们的合作产生有利影响，谁不想跟一个天天充满自信、阳光的人共处呢。相反，如果你跟客户交谈时一脸阴云，甚至是牢骚抱怨漫天飞，那自然客户也不会给你好脸色看的，你的销售就是在浪费时间。

那么，我们可利用哪些方法调整自己的情绪呢？

（1）积极的自我暗示。每天早上醒来可以听一段很激昂的音乐，然后大声告诉自己“我是最棒的”，给自己一些良好的心理暗示，要知道一个好的心情是一天良好情绪的开始。

（2）写日记。心情不好的时候有的人喜欢写东西，不要考虑写什么，只想把自己的感受记录下来，或者是把心中的不快倾吐出来，然后会感觉特别轻松。

（3）忧虑时，想到最坏情况。当出现忧虑情绪时，勇敢面对，然后找出万一失败可能发生的最坏情况，并让自己能够接受，就可以了。

（4）散步。散步可以缓解压力，漫步在街道上，什么都不要想，不要在意过往的行人和路边的商店，就这样慢慢地走，心情就会得到舒缓。

（5）引吭高歌。作为销售员，会经常遭到拒绝，而有些人遭受拒绝就情绪沮丧，不妨尽情去歌唱，这会让你的情绪很快得到释放。

3. 建立信赖感

推销最重要的是建立跟顾客的信赖感，和陌生人打交道，谁的心里都会产生芥蒂，客户也是一样，如果销售员无法建立起客户的信赖感，客户就不可能买账。要建立起客户的信赖感，销售员需尽可能从与产品无关的事入手，最好从鼓励赞美开始。

4. 挖掘客户需求

信赖感建立起来后，你和客户都会感觉很舒服。这个时候，要通过提问来找到客户的需求，也就是他要解决什么问题。怎样才能找到客户的问题所在？“问”和“听”。一个优秀的销售员会用80%的时间提问和倾听，只用20%的时间讲解产品和回答问题。如果连对方的需求你都没发现，而盲目地去向对方推荐你的产品，那你所做的工作就是纯粹的毫无意义。

5. 提出解决问题的方案并塑造产品价值

到了这一步，你要拿出你的解决方案。你的解决方案针对性会很强，客户会认为是你为他量身定做的，他会和你一起评价方案的可行性，而放弃了对你的防备。提出问题的解决方案后，你要把你的产品能带来的独特的价值完美地塑造出来，才能把你的产品更好地销售出去。有位销售大师说道：“你的产品价值还没有塑造出来的时候，就把你的价格报给对方，那无异于自找死路。”所以，塑造好产品价值是你成功的关键一步。

6. 做竞品分析

在信赖感没建立的时候，你去做竞品分析，客户会很烦，因为客户是站在和你对立的方面；可是，当双方建立了信赖感，你又为他提出了解决方案时，他巴不得去听一些竞品的缺点，他非常期望你做竞品分析。这时候，不但要分析竞品，而且一定要讲清楚自己产品的最大优势，证明客户的选择是最明智的。

7. 解决对方的抗拒点，让客户快速下决心

做完竞品分析，客户一般不会马上掏钱，他在内心肯定是有正、反两方在互相抗衡，此时，作为销售员就要引导对方产生足够大的合作欲望，一一解除他们心里的抗拒点，只有解除了客户的全部疑虑，客户才能真心购买。

8. 成交，踢好临门一脚

很多销售员，前面都做得很好，可就是成交不了，为什么？是因为很多人根本就不敢催促客户成交。到了这个阶段，销售员一定要自信，要快速用催促性、封闭式的提问促使成交，要不然顾客还会犹豫不决，甚至出现其他变化。

9. 做好售后服务

越来越多的营销专家表示，互联网时代，高品质的服务是获取用户资源、赢得用户的最关键、最有效的渠道。伴随着消费者需求的不断提升，企业只有持续推出能够满足用户潜在需求的服务新举措，才能让用户感动，才能得到消费者的认可。很多销售员觉得售后服务就是打打电话，上门维修，其实这只是售后服务中很小、很被动的一部分。真正的售后服务是成交之后，我们对顾客做的延续服务，甚至成为客户的顾问，成为帮助客户解决问题的专家，这样才能留住真正稳定的客户。

10. 要求客户转介绍

很多销售员在做完售后服务这一步后，就认为是完成了销售工作，而

忽略了合理利用自己手里的资源进行资源整合。与其他的方法相比，转介绍是能最快出业绩的方法。我们的客户肯定有很多与他们爱好相同的朋友，那也正是我们所要寻找的目标客户。

总之，这10个销售流程不但是每一个销售员要牢牢掌握的，更是每个人都应该学会运用的，因为这对我们的销售工作大有益处。

准备——把每一项事先要做的事做细

大家都知道，销售员真正与客户面对面的时间是非常有限的，即使你有时间，客户也不会有太多时间，实际上，大多数时间是用在准备工作上。但是，现实销售中，销售员往往容易疏忽销售准备工作，而造成销售工作的失败。

销售准备是决定你的销售事业是否成功的基本要素，“凡事预则立，不预则废”。做好销售前的准备工作，不打无准备之仗，对于销售员尤为重要。只有做好准备工作，才能让你最有效地拜访客户；才能让你在销售前了解客户的状况；才能帮助你迅速掌握销售重点；才能节约宝贵的时间；才能找出可行、有效的销售计划。

那么，在销售工作中，我们要做哪些基础准备工作呢？

1. 销售前的心理准备

销售前，销售员必须认识自我形象的重要性，要用一些方法来改变自我形象，并可运用心理预演的方式和视觉化的想象把自己当成客户，站在客户的角度看待自己的销售和服务。

2. 良好的仪表

客户对产品的第一印象多半来自他们对销售本人的印象，如果销售员服装不符合基本职业标准，举止粗俗、不懂礼仪，很难给客户留下良好的第一印象，更别说成交了。当然，销售员也不要总把“雪白的衬衣，配上笔挺的裤子，外加一条系得整整齐齐的领带”这样体面的装扮当作永远最佳的着装策略。事实上，这种想法已经过时了，销售员应该根据商品的特点、销售的场合、客户的特点、自身的条件等因素随时变换自己的着装。

3. 市场情况

（1）了解行业情况：不同的产品属于不同的行业，通过对区域内的行业状况调查，销售员可以知道客户的重点分布区域。

（2）了解客户状况：掌握客户的个人信息、经营情况、人脉关系，并搞清客户是喜欢你的产品还是竞争对手的产品，客户为什么选择竞争对手的产品。

（3）了解竞争状况：区域竞争的品牌有哪些？价格的差异有多大？有多少个经销商？经销商的选择如何？其服务与你的服务有什么区别？竞品的口碑如何……详细了解这些状况，有助于销售员研究应对策略。

（4）市场特点：区域内的竞争者强弱及市场份额的比例；区域内客户规模的大小及数量；区域内适合销售客户的数量等。

（5）自身状况：充分了解自身的企业情况、产品情况、政策情况、市场策略等。

4. 明确销售对象

（1）找出潜在客户：对销售员来说，寻找潜在客户是进行销售的第一步。扫街拜访、参考黄页、关注相关的报纸杂志、从前任销售员的销售记录中获得某些可能的客户……挑出有可能的业务对象。

（2）调查潜在客户的资料：了解潜在客户的职称、潜在客户的个性、潜在客户购买的决策途径、潜在客户的规模和资金状况、潜在客户的信誉状况、潜在客户的发展状况。当然，需要强调一下，拜访潜在客户前的准备是一个持续性的准备，每一个潜在客户都是未来开花结果的种子，你对潜在客户了解得越多，就越能增加你的信心。信心是会感染的，客户感受到你的信心，也会对你产生信心。

（3）明确你的拜访目的：引起客户的兴趣，建立人际关系，了解客户目前的状况，提供产品的资料以及样品、报价单，介绍自己的企业，要求同意进行更进一步的调查工作，以制作建议书、要求客户参观展示。

（4）行动要有计划性：销售是行动导向的科学，计划是行动的开始，没有计划，行动的效率就不高。合理的销售计划是依时、依地、依人、依事组织的行动过程。销售员在做计划前要考虑以下五个要素：

①时间——接触客户的时间要最大化。

②目标——终极目标和阶段目标。

③资源——现有客户的关系以及销售辅助器材。

④开场白——销售的关键是让顾客在第一时间欣赏你，并唤起顾客对你和产品的兴趣、好奇心。心理学研究表明，陌生人见面时前30秒内就会在对方心里留下深刻的印象，所以优秀的开场白是准备工作中不可或缺且最为关键的一步。

⑤推销重点——推销的核心内容。很多销售员之所以失败多半是因为没有抓住推销重点，推销重点应该在30秒左右。关于推销曾有一个老生常谈的“电梯理论”，意思是说优秀的推销员应该有能力在一次乘坐电梯过程中成功推销掉自己的理念。不管什么样的推销，起码最短的时间内，归

纳出自己的重点，一般来说，重点包括两部分：说明我知道如何去做；说明我知道这种方法对你有什么帮助。

销售员的准备工作有利于我们赢得客户。所谓“知彼知己，百战不殆”，对销售而言，准备的重要性不可小觑。乔·吉拉德说过，准备是其制胜的法宝。例如价格，他可以保证，如果顾客能买到比他价格还低的汽车，他就白送一辆给顾客，这种自信是建立在他事先充分的调研基础之上的，所以，他知道所有的对手都开不出比他更低的价格。台湾“经营之神”王永庆最早是卖米的，在他开始销售前，他会把周围顾客的家里人数、每月吃米量搞得十分清楚，所以，他的销量远远高于同行。所以，要确保成交，销售员一定要做好销售前的准备。

开发客户——人在动， 钱在动

在准备销售之前，开拓准客户是最难的工作，对新手来说更是如此。挖掘潜在的客户的方法很多，比如询问、让朋友介绍、让老客户介绍、狂轰滥炸似的打电话、一家不落地“扫”办公楼……的确，这些是开发潜在客户的办法，或者你还可能说出更多挖掘潜在客户的办法。下面，我们通过表格的形式来分析一下常用的方法，以便于销售员在以后的销售中更有利地展开工作。

1. 上门推销法

上门推销法，指销售员在事先约定的时间、范围内挨家挨户登门访问，又称逐户访问法。其特点及改进方法如下（见表4-1）。

表 4-1　上门推销法的特点及改进方法

特点及改进方法	内容
优点	涉及的顾客多、访问的范围广，不容易遗漏
局限性	对销售新手来说，如何接近客户是最大的难题
改进方法	①馈赠小礼物。这是现代销售常用的一种接近陌生客户的方法。销售员可以利用赠送小礼品的方式引起顾客的兴趣，进而接近客户 ②派发公司或者产品的宣传资料。销售员直接向客户派发宣传资料，介绍公司的产品与服务，引起客户的注意，让顾客对自己的产品产生兴趣，从而比较容易地接近客户 ③利益引导。销售员通过简洁明了地说明商品或者服务的优点，并简单介绍这些优点可以为客户带来的利益，通过利益引导引起顾客的注意，从而转入面谈，由此接近陌生客户 ④调查问卷。销售员可以利用做调查问卷的机会接近陌生客户，利用此法还有一个很明显的好处，即隐藏了直接营销的目的，这样更容易被客户接受 ⑤求教接近。面对陌生的消费者，销售员可做出虚心向消费者求教的姿势，对于虚心求教的人，人们一般都不会拒绝。在使用此法时，销售员应认真策划，讲究策略 ⑥赞美接近。销售员利用人们都需要被尊重的心理需求，抓住合适时机先赞美客户，以此来引起陌生客户交谈的兴趣。当然，在赞美陌生客户时，需要注意的是赞美一定要发自真心，而且还要讲究技巧，否则就会弄巧成拙

2. 广告搜索法

广告搜索法，指利用各种广告或者媒体寻找客户的方法。现在，随着传媒事业的不断发展，越来越多的公司利用广告和媒体帮助销售员来挖掘潜在客户。广告搜索法的操作方法和改进方法如下（见表 4-2）。

表 4－2　　广告搜索法的操作方法与改进方法

具体操作方法	销售员可利用杂志背面设置的信箱栏目，让读者通过信箱来了解更多有关产品或服务的信息，而销售员也可以此获得更多潜在客户的信息。也可以利用杂志广告版提供的优惠券或抽奖券，来获取潜在客户的信息
改进方法	利用广告媒体来开发潜在的客户，最大的优点就是信息广，可以搜索到大量潜在客户的信息；但在使用此种方法的时候，也有局限性，即销售员必须花相当多的时间去筛选信息。因此广告搜索法只有和高科技工具、和电子商务结合起来，才能发挥其最大作用

3. 中心辐射法

中心辐射法，是指在某一特定的范围或区域内选择一些特别有影响力的人，使其成为服务或者产品的消费者，并尽可能取得其协作和帮助的一种方法。其操作及注意事项如下（见表 4－3）。

表 4－3　　中心辐射法的操作及注意事项

操作及注意事项	内容
操作关键	使用这种方法的关键在于找到那些“有影响力的人物”，并且和他们搞好关系，所谓“有影响力的人物”就是那些在职务、地位、成就或人格魅力等方面对周围人有巨大影响力的人物 这些人物一般具有很强的说服力，他们的影响能够辐射到周边的所有人，他们的行动能对周边人起到示范作用。就购买行为来说，这些人的购买行为能影响周边的客户，并且较易取得其他客户的信赖。这些影响力的人物备受他人尊敬，因此如果能够得到他们的推荐，效果尤其明显。因为他们代表了权威
注意事项	在使用该法时，应注意同有影响力的人物保持良好的联系，并且在他们把你推荐给其他人之后，不管交易是否成功，一定要向他表示感谢

4. 客户转介绍法

客户转介绍法，即通过老客户的介绍来发现、寻找其他新客户的方法，其操作如下（见表4－4）。

表4－4　　客户转介绍法操作

操作方法	内容
操作优势	用老客户带动新客户的开发，这是一种省时又省力的办法，这种方法尤其适合服务行业，比如保险行业或证券行业等，而且这种方法最大的优点就在于其能够减少销售过程中的盲目性，增加客户开发的针对性
操作技巧	在使用该法时需要提及推荐人，以便取得潜在客户的信任，提高销售的成功率

5. 研讨会法

研讨会法，是指利用专题讨论会的形式来挖掘潜在客户。这种方法类似讲座的形式，这也是越来越多公司寻找潜在客户的重要方法之一。其操作及注意事项如下（见表4－5）。

表4－5　　研讨会法的操作及注意事项

操作优势	因为来参加研讨会的听众大部分是对此专题很感兴趣的，因此，他们成为潜在客户的可能性非常大，对这一部分客户进行进一步挖掘，他们会成为真正的客户
注意事项	①地点的选择。要想最大限度增加到会人数，就要尽量选择诸如大饭店、大宾馆或大学教室等比较宽阔的地点 ②演讲时间的选择。演讲时间的选择要注意适当原则，不宜过长但也不能过短，一般以连续两天为宜。好多客户在研讨会第一天或许根本赶不到现场，但是在第二天他们会出现，所以，时间一般以两天为宜 ③在讨论会上的发言应具备较高的专业水平，最好布置良好的视觉环境及装备质量较高的听觉设备，以保证演讲的效果 ④在研讨会之前要对与会者的资料进行详细的备案。与会者的个人资料可以通过简短问卷调查的形式获得

6. 电话寻找法

电话寻找法，是指销售员利用打电话的方式来寻找潜在客户的方法，其操作及注意事项如下（见表4－6）。

表4－6　电话寻找法操作及注意事项

操作及注意事项	内容
操作优势	电话寻找法最大的优点是速度快，比较节省时间，销售员不用直接面对客户，减少紧张情绪
操作劣势	电话寻找法是与大众客户接触的重要方式之一，但是因为它是通过非形体的声音工作，在说服力方面比较弱，因此电话寻找法的成功率相对于传统的面对面销售方式要低
注意事项	采用电话寻找法时，一定要注意谈话的技巧，要在最短的时间内就激发起对方的注意力，继而引起兴趣，否则很容易遭到拒绝。而且利用这种方法一定要把握通话时机

以上是开发客户的6种具体方法，销售员在开发客户时，可以根据具体情况选择使用。但不管使用哪种方法，只要能抓住潜在的客户都算成功。因为开发客户是销售员开拓业务，增长业绩的需要。只有先开发客户，才能开展实际的销售工作。作为销售员必须要过客户开发这一关，客户开发是检验你是否是一个合格的销售员的试金石，也是你主要的经济收入来源。如果不会开发客户，那么你就无法在这个市场上生存。

建立信赖感——一定要表现出真诚

一流的销售员花80%的时间去建立信赖感，最后只需要20%的时间就能成交。三流的销售员花 20% 的时间建立信赖感，所以最后他用 80% 的力气去成交，但也很难成交。顾客为什么会买你的产品？是因为信赖你，和你的感情很深，所有竞争到最后都是人际关系的竞争。销售就是在“交心”“交情”，最高明的销售策略，就是把客户变成朋友。因为把客户变朋友了，你就不需要用销售技巧了，朋友买你的东西也就变成自然而然的事情了。

美国推销大王乔·坎多尔福认为：“推销工作 98% 是感情工作，2% 是对产品的了解。”如此看来，实际销售中，没什么比“拉”情更重要了。他建议销售员与顾客见面后“10 分钟不座谈业务”。那谈什么呢？“谈感情”。这才是实质推销过程中的第一步。

美国通用汽车公司，曾经把做感情工作（如送个小礼品）叫“warm up”，意思是“热乎热乎”。他们觉得一个销售员若不能与顾客“热乎”一下，把心理距离缩短，建立起顾客对你的信赖感，那么，销售定不可成交。“感情妙，生意俏；感情凉，生意黄。”不会谈感情，一见面就是冷冰冰地问“买不买”“要不要”，这几乎是在“自杀”。

要想做到谈感情，有哪些方法呢？

1. 倾听

建立信赖感的第一个步骤就是倾听。很多推销员认为金牌销售员就是很会说话，其实真正的金牌销售员很少讲话，他们大部分时间在听。每一个人都需要被了解，需要被认同，然而被认同最好的方式就是有人很仔细地听他讲话。因为在现代生活中很少有人愿意听别人讲话，大家都急于发表自己的意见。所以假设你一开始就能把听的工作做得很好，客户跟你的信赖感就已经开始建立了。

2. 帮助

先交朋友，再做生意。很多销售员在做销售时，最容易犯的一个毛病，就是过于商业化，满口不离产品或销售，让客户感觉心里不舒服。要想客户买账，销售员要与客户先交朋友，再做生意。怎样交朋友？就是要真心关心别人，帮助别人。牛根生曾经谈到他的经营之道，说其之所以取得成功，是因为以心比心，所以，才对对方多了些理解、默契。因此，销售员在跟老客户打交道时，一定要先跳出生意圈，先交朋友，再做生意，最后才能形成“客户＋朋友”的关系，这样的关系才是长久的。

美国“刷子大王”艾富赖德·佛勒——一位终生只经营清洁用品的巨富认为，做生意要树立独特风格，还要依靠各种不同的服务，要做到满面微笑、满口好话、满手好事。他回忆了自己的一件小事：“在我搬到哈特福特的第一年，我遇到了一件很有意思的事，一位经常买我东西的主妇问我：‘你会不会看孩子？’我当时一愣，笑着回答说‘可以凑合’。于是，我替她看了两个小时的孩子。原来那位主妇急等着到市场去买东西，怕她那个一岁半的男孩乱跑乱抓，所以请我替她代看孩子。经过这件事之后，这位太太就成了我们最佳的义务宣传员。”佛勒常说，做生意，一定要在细节处争取顾客的好感。甚至你不妨主动问问他们，有没有需要帮忙的工作。例如女人的力气小，某种东西她们拿不动，销售员就不妨帮帮她们。

3. 赞美他，表扬他

真诚的赞美，不是敷衍。什么是真诚的赞美？就是用我们自己的语言，以一种自然而然的方式讲出别人有但你没有的优点，而且是你很羡慕的，这叫真诚的赞美。这种赞美会迅速使客户建立起对你的信赖感。

4. 不断地认同顾客

每个人都渴望得到别人的认同、肯定，这是人性。只有认同别人，才能获得别人的好感，别人才更乐意与你打交道。很多时候，顾客讲的不一定是对的，可是只要他是对的，你就要认同他。多认同，多给顾客表现的机会，顾客就会心情愉快，就会对销售员产生好感，最后接受销售员的推销。

认同客户除了口头上，还应表现在行动上，比如，向客户请教问题，然后赞扬客户讲得好、做得好。这样的认同比单纯语言上的肯定和赞赏更能让客户感到开心，更容易让客户喜欢你以及你的产品。

5. 符合，在心理学当中也叫“模仿”

我们都知道人的讲话速度有快有慢，对待不同讲话速度的客户，我们也要随时变换我们的语速，这就叫符合。符合行为做得好，就会让对方从心理上感觉舒服。

6. 沟通

沟通就是要与潜在顾客及实际顾客定期保持联系，让顾客相信你喜欢他，让顾客知道你重视他。联系的方式有很多，比如每逢节日的时候，可以给自己的顾客寄点小礼物，祝他们生日快乐、情人节快乐等。如果你知道顾客的妻子或丈夫和孩子的生日，你可以想象你寄生日礼物给他们所带来的影响。如果你的收入还可以，寄送生日礼物的成本就更算不了什么了，因为你以最讨人喜欢的方式提醒他们记住你。

总之，你可以采取任何方式让顾客信任你，但一定要真诚——真实、坦诚，来不得半点虚伪、虚假，就像乔·吉拉德所说的："一个好的推销员应该立足于双赢。自己赚了钱，顾客买到了想要的产品，得到了高于预期的服务体验，这是双赢。双赢会带来顾客重复的购买，会带来顾客的口碑，带来转介绍的一些新顾客的购买。双赢意味着销售不是一次性的，而是持续性的，它应该立足于客户的长期价值和整体价值。所以，一般来说，那些不真诚的——骗人的和撒谎的销售员，每个人或许能拿到几个订单，但好的推销员能持续不断地得到顾客的订单，这是靠撒谎无法做到的。顾客害怕你欺骗他们，很多行骗的故事更加深了顾客对于销售员的不信任，所以，首先让顾客信任你，消除他的顾虑和担忧是非常重要的。当顾客信任你了，购买了你为他推荐的产品，享受到了你提供给他的服务之后，他会喜欢上你，会把你的产品和服务到处传颂，于是，你的口碑就建立起来了。"

顾客需求——没有需求也要创造需求

李嘉诚曾经说过："我一生最好的经商锻炼是做推销员，这是我用10亿元也买不来的。"很多人一谈到销售，就简单地认为是"卖东西"，这只是对销售很片面的理解，其实销售是一个分析需求、判断需求、解决需求、满足需求的过程。

销售的最高境界是什么？是没有需求创造需求。

一个小伙子去城里应聘"世界最大"的"应有尽有"的百货公司的销售员。老板问他："在这之前，你做过销售员吗？"小伙子回答说："我以前是村里挨家挨户推销的小贩子。"老板非常喜欢他的机灵："那你明天可以来上班了。等下班的时候，我会来办公室和你沟通一下。"

对这个乡下来的穷小子来说，一天的光阴实在太长了，而且还有些难熬。但是年轻人还是硬熬到了5点，终于要下班了。老板真的来了，问他："你今天完成了几单业绩？""一单。"年轻人回答说。"什么？就一单？"老板很吃惊地说："我们这儿的售货员基本上一天都可以完成25单左右的生意。你才完成了一单？你卖了多少钱？""250万美元。"年轻人回答道。"什么？你怎么卖到那么多钱的？"老板目瞪口呆，半晌才回过神来问道。"是这样的，一个男士进来买东西，我先卖给他一个小号的鱼钩，然后紧接着是中号的鱼钩，最后是大号的鱼钩。接着，我又卖给他小号的渔线，中号的渔线，最后是大号的渔线。我问他上哪儿钓鱼，他说去海边。我建议他买条船，所以我带他到卖船的专柜，卖给他有两个发动机的纵帆船。然后他说他的大众牌汽车可能拖不动这么大的船。我于是带他去汽车销售区，卖给他一辆丰田新款豪华型'巡洋舰'。"老板后退两步，几乎难以置信地问道："一个顾客仅仅来买个鱼钩，你就能卖给他这么多东西？""不是的，他是来给他妻子买卫生棉的。我就告诉他：'你们周末游泳的计划毁了，干吗不去钓鱼呢？"就这样，小伙子创造了大单销售。

这个例子虽然有点夸张，但它告诉我们的道理却不言而喻：抓住了顾客的需求，才能达成交易。在实际生活中很多人的销售并不是很成功，销售员拼命地预约、讨好客户，跑折了腿、磨破了嘴，可客户就是不买账；究其原因，其实就是分析、判断、解决需求有了偏差，对方的需求得不到满足，我们的目标就很难达成。

研究表明，客户购买产品受许多因素影响。购买前他会考虑你的销售规模、产品的生命周期以及对公司和产品的熟悉程度。但真正购买时又总是受主观情绪的影响。既然消费者的购买行为是受情绪影响的，那么，我们该怎样掌握消费者的情绪，给客户创造需求，然后再去满足他们的需求呢？

1. 告诉客户当获得产品后所拥有的美好感觉

客户真正想要的是什么呢？是要一种能够满足他个人需求的产品还是其他的什么？我们应当明确地知道：他们真正想要的是购买产品所能给他带来的感觉。举个简单的例子，为什么很多人会买宝马、奔驰？宝马、奔驰真的有那么棒吗？国内著名品牌与互联网专家刘杰克老师认为，并不是宝马、奔驰等奢侈品本身有多棒，而是由于像奔驰、宝马等一类的奢侈品位于商品金字塔的顶端，大部分人都认为这样的产品应该是社会精英人士才有能力选择的生活方式和消费方式。对于大部分社会精英人士来说，他们购买这样的产品就是为了获得一种尊贵的、美好的心里感觉。

“每个人在购买任何一种产品的时候，他所购买的都不是这个产品的表面功能，他们买的是这个产品背后的能够满足他的价值观或是一种感觉。”这是我们在销售产品前需要了解的一点。如果我们不了解客户不同的感觉，是无法销售产品的。经过调查发现，业绩不良的销售员销售产品，遇到各种各样的客户，他的说明方式只有一种，那就是：一遍遍传授给客户为什么要购买自己所推荐的产品，而几乎不告诉客户，当获得产品之后，所拥有的美好感觉。这就是他们无法打动客户的根本原因。一般的业务员销售的就是他手中的产品，而有创意的业务员则销售的是拥有的感觉。比如，保险业著名的营销大师柏特·派罗曾经说过：“我们销售的是一家之主的尊严……”这就是销售一种感觉。

2. 唤起顾客的好奇心

在实际销售工作中，销售员可以先唤起客户的好奇心，引起客户的注意和兴趣，然后再道出销售产品的益处。

日本东京都滨松町的“TOMSON”咖啡屋曾经推出了一种5000日元一杯的高级咖啡，就连一掷千金的豪客也大惊失色。因为当时东京一杯普通咖啡只要100日元左右。如此天价的咖啡，你一定会认为无人问津。然而消息一传开，咖啡屋一改往日“人烟稀少”的局面。抱着好奇心理的顾客蜂拥而至，人们都想亲自尝一杯这价值5000日元的咖啡到底是什么样的咖啡，大量的顾客到来，使这家咖啡屋的果汁、汽水、大众咖啡等饮料也一下子变得格外畅销。

这就是好奇心的巨大作用。好奇是人的本性。很多时候，顾客舍得花钱购买产品并不是因为真正“有需要”，而是因为出于好奇，所以，聪明的销售员要做的就是想方设法激起客户的好奇心，让客户主动去接近自己的产品。

唤起客户的好奇心有以下几种方法：用绚丽的色彩和包装来激发客户的好奇之心、利用稀缺理论、问一个有吸引力的问题等。

3. 给予客户一定的心理暗示

心理（情绪）暗示是推销制胜的一大法宝。心理学研究表明，一个人在接触一件新事物时，头脑易呈现放射性的思维。而暗示作用，会使人的思维集中到一个点，从而形成定向。比如客户品尝一种新饮料，你如果问：“味道怎么样?”客户的脑中立刻会呈现出各种散乱答案：或好，或坏，或太酸，或太甜等。一旦第一概念形成了，就很难抹掉，这对销售谈判大为不利。如果我们能用暗示，那结果就不一样了，你可以这样说：

“这个饮料先酸后甜，并且唇齿留香。”等他喝过后再问他：“对吗?”无数事实证明，消费者一般会同意你的观点。也就是说语言刺激总是“先入为主”，高明的销售员也总是用语言暗示向好的一面诱导。

21 世纪是一个服务时代，更是一个个性化时代，客户觉得好才是真的好。因此，销售的关键在于挖掘客户的需求，然后满足他们的需求。当人的需求不断地改变，我们的产品就必须快速更新。重新创造新的需求点，从而改变传统的生活或工作习惯。

介绍产品——说得好听， 演示得要到位

每个销售员都知道这句古话：一个真实的演示胜过千言万语。真实的演示是什么？是产品展示！产品展示就是要用实实在在的产品代替华而不实的说辞，用事实说话。常见的类似手法有餐厅前摆放菜肴的展示橱窗，商场里的卖家把服饰穿在人体模型身上，建筑商售楼处陈列着样品房等，这些都是商家向观众展示产品以促进销售的方式。销售员要想让顾客对产品产生信赖，产品展示是最有效的手段之一。

心理研究表明，人们所接收的外部信息中，有 85% 以上是通过他们的眼睛接收的，只有 15% 左右的信息是通过其他四种感官接收的。这就提醒销售员要让顾客对产品产生最大程度的信赖感，就应该使产品介绍最大限度地可视化，才能真正打动客户的心，直接刺激顾客的购买欲望。

日本一家铸砂厂的销售员为了重新打进已多年未曾来往的一家铸铁厂，多次前往拜访该厂采购课长。但是采购课长始终避而不见，销

售员则紧缠不放，于是那位采购课长迫不得已给他5分钟时间见面，希望这位销售员能够知难而退。但这位销售员却胸有成竹，在课长面前一声不响地摊开了一张报纸，然后从皮包里取出一袋砂，突然倾倒在报纸上，顿时砂尘飞扬，几乎令人窒息。课长咳了几声，大吼起来："你要干什么？"这时销售员才不慌不忙地开口说话："这就是贵公司目前所采用的砂啊，是上星期我从你们的生产现场向领班取来的样品。"说完，他在地上又另铺了一张报纸，从皮包里另外取出一袋砂倒在报纸上，这时却不见砂尘飞扬，课长惊异极了。紧接着他又取出两个样品，性能、硬度和外观比之前两件样品更优，这时，那位课长更是惊叹不已。就这样，在这场戏剧性的演示中，这位销售员成功地接近了课长，并顺利地赢得了他的认同。

如果在销售过程中，我们也能像故事中的销售员一样通过演示打动客户的心，那我们的销售也就成功了一半。因此，在向顾客介绍产品的过程中，你必须让它不言自明，即一旦做完介绍，并把它展示给客户以后，再无须多言。要知道，一次成功的示范胜过千言万语，实证比巧言更具有说服力。向客户演示产品的功能和优点，更能调动客户的购买愿望。所以，如果必要，你应当设计或创造出某种你需要的视觉效果，它将激发客户的想象力，让人们久久地记住你的产品。

在2008年，苹果电脑的发布会上，当观众们都在迫切地等待着乔布斯继续演说时，他不慌不忙地从办公室的一个信封里拿出了电脑，以此来展示电脑有多么轻薄。这是2008年苹果电脑的产品发布会，更是令无数粉丝难以忘记的时刻。在这场演讲之后的很长一段时间里，人们都忍不住去讨论它。这就是产品演示的效果，使顾客对产品有直观的了解，产生更强烈的印象。

为了有效地使用产品演示法，推销人员应该注意以下几个问题。

1. 根据推销品的特点选择演示方式和演示地点

由于推销产品的性质和特点各不同，销售员的演示方法和演示地点也应有所不同。例如，有些体积小、携带方便的产品可以进行室内演示，而有些携带困难的产品就需要与顾客当面约定，另行安排具体时间和地点进行现场演示。再比如，有形产品可以进行实际操作表演，无形产品可以借助辅助物品，利用各种形象化手段将无形产品实体化。

2. 演示一定要熟练

推销人员的产品演示，是向顾客证明推销品，如果推销人员在演示过程中因操作不熟练，总是出现差错或笨手笨脚，就会引起顾客对推销品质量的怀疑，而不相信推销员及产品质量。

3. 操作演示要有针对性

顾客对推销品所关注的点是不同的，如果你的顾客最关心的是产品的质量，那么，推销员的演示速度就不宜过快，要让顾客听得懂、看得清，要让他们对推销品有一个认识、接受的过程；如果你的顾客更关心价格，则推销员在演示的同时要注意说明产品的功能价格比；如果你的顾客更关心服务，则要重点说明售后服务的内容等。所以，推销员在演示时要有针对性。

4. 演示速度适当，边演示边讲解，营造良好的推销氛围

推销员向顾客演示商品，对于旧商品或技术含量不高、操作简单的产品，操作速度可以适当加快；但对于技术含量高的产品特别是新产品，操

作演示的速度一定要慢。此外，在演示时，要针对推销要点和难点，边演示边讲解，要讲、演结合，开展立体化的洽谈，努力引起顾客的注意和兴趣，制造有利的洽谈气氛，充分调动顾客的积极性。

5. 鼓励顾客参与演示，把顾客置于推销情景中

推销洽谈作为一个双向沟通的过程，推销员和顾客都是推销活动的主体。因此，在使用产品演示法时，应鼓励顾客参与演示操作。例如，汽车推销员可以请顾客试车，食品推销员可以请顾客试尝，服装推销员可以请顾客试穿等，鼓励顾客参与演示，邀请顾客做助手。这样做有利于形成双向沟通，发挥顾客的推销联想，使顾客产生推销认同，增强洽谈的说服力和感染力，提高洽谈效率，激发顾客的购买信心和决策认可程度。

乔·吉拉德特别善于推销产品的“味道”。与“请勿触摸”的做法不同，乔在和顾客接触时总是想方设法让顾客先“闻一闻”新车的味道。他让顾客坐进驾驶室，握住方向盘，自己触摸操作一番。如果顾客就住在附近，乔·吉拉德还会建议他们把车开回家，让他在家人和领导面前炫耀一番，顾客会很快就被新车的“味道”所吸引、陶醉。根据乔·吉拉德的经验，凡是坐进驾驶室把车开上一段距离的顾客，基本没有不成交的。即使是有些人当即不买，不久后也会来买。因为新车的“味道”已深深烙在他们脑海中，使他们难以忘怀。乔·吉拉德说：“不论你推销的是什么，都要想方设法展示你的商品，而且要记住，让顾客亲身参与，如果你能吸引他们的感官，那么你就能掌握住他们的感情了。”

俗话说，眼见为实，产品演示比单纯口头的销售陈述更有助于使客户相信：你的产品的利益恰好能满足他的需求。有资料显示，同单纯用语言

进行销售陈述，用可视化的销售陈述，会有五倍之多的机会来给客户留下持久印象。所以无论销售员试图销售什么东西，最关键的是让客户能够看到。

解除反对意见——有意见就有机会

在销售过程中，顾客有反对意见是好事还是坏事？好事。俗话说“嫌货才是买货人”，有反对意见说明客户对我们的产品感兴趣。要知道，很多推销都是从拒绝开始的，很多成交都是从异议开始的。

在与目标顾客沟通的过程中，我们经常会遇到顾客的抗拒，原因多种多样，形式也各有不同，一般来说，有以下几种抗拒类型：

①沉默型抗拒——当你介绍完产品，顾客却怎么也不讲话，你不清楚他在想什么，有什么顾虑。

②借口型抗拒——顾客正在犹豫，拿一些不相关的借口来搪塞，暂时拒绝成交。

③批评型抗拒——顾客有时会对产品的某一特性提出批评，有可能是真正的抗拒。

④问题型抗拒——在你向顾客做产品介绍时，顾客会抛出很多问题。

⑤表现型抗拒——总喜欢在你面前显示他自己有多专业，因为他希望得到你的敬佩。

⑥主观型抗拒——对销售员个人不是很满意，很可能是因为你的亲和力不够。

⑦怀疑型抗拒——顾客怀疑你所说的信息的真实性。

抗拒大概有以上7种，那么，我们如何解除客户的抗拒呢？总的原则是先忽略抗拒，再提问题，转移顾客的注意力。如果顾客抗拒提出两次甚至两次以上，则说明这个问题是顾客真正关心的问题，需要销售员详加解释。具体来说，要解决客户的抗拒，我们可以通过以下方法。

1. 先发制人，以防为主

解决客户抗拒最好的办法就是在客户没有提出异议之前，你就主动提出来并把它解决掉，让客户不受干扰地专心听你解说。

2. 反问带回答

能了解顾客更深层次的抗拒原因。例如，难道价格是您唯一考虑的因素吗？应该不是吧！

3. 让客户回答自己的反对理由

要让客户回答自己的反对理由，只要让他们继续谈下去就行。也就是说，你要继续倾听他们的反对意见，也许，这正是他们真正要反对的原因，那就是希望有人听听他们的看法。

在这个过程中，你可以用问问题的方式不断引导他们谈话，一旦他们回答了自己的反对意见，他的情绪就会平静下来。要让客户回答自己的反对理由，必须要有耐心，同时提一些引导性的问题，就会有不错的效果。

4. 假设法

当你根本不清楚顾客的真正抗拒点是什么时，你不妨随便提一个问题，让顾客回答，然后接着问："除了这个问题，你还有什么其他的问题吗？"让顾客继续回答……依此循环下去，慢慢地，你就会引导客户讲到最后一个问题，往往这就是他真正的抗拒点。

5. 转换话题，转移注意力

当客户提出自己的反对意见时，如果不知道怎么回答，销售员不妨立刻转换话题，然后再设法慢慢转回到主题上。话题转换的目的是调整情绪，使商谈的气氛趋于友好。但有一点要注意，转换的话题不能“脱轨”太远，和主题相关即可，这样便于销售员一有机会就能立即回到原来的主题上。例如，销售员可使用这些过渡的句子：“你说得太对了！另外还有一点需要说一下……”“此事不假，但还有一事需要谈……”“我同意你的看法，而且我确信你也同意……”

6. 反客为主

把顾客的抗拒变成购买的理由，例如，当顾客以“我很忙”为借口的时候，你可以说：“就是因为您整天忙，所以，您才更应该关心自己的身体啊。”

7. 将异议变成卖点

当客户提出异议时，销售员不要慌，很多时候，销售员也可以巧妙地将客户提出异议的地方转化成产品的卖点，把客户的反对理由转变为购买理由。例如，当客户认为你所销售的商品价格太高时，针对这一异议，你可以向客户强调：“先生，我们的产品之所以价格高是因为我们都是通过最正规的进货渠道进货的，所以我们能确保产品的质量最优，我们也能确保我们的售后服务最优，而其他的产品就不能保证这两点了。”相信，诸如此类的答复能使客户很乐意接受。

8. 重新框式法

当你发现如果按照顾客的思路讨论下去，根本就无法说服顾客时，你可以使用重新框式法。例如，当顾客告诉你，他现在非常健康，根本不需要购买补品的时候，你可以说："以前也有一些顾客对我说过，不过都被我说服了，最后他们都改变了自己的想法，所以，我只想耽误您5分钟，就5分钟，5分钟后请您自行判断。"无论对自己还是对顾客，使用重新框式法起码可以改变对方的谈判思路，使谈判朝着有利于销售员的方向进行。

9. 心理暗示法

描述对方当时或接下来的身心状态或思考状态，并加入提示引导词（会让您、会使您、会帮助您），然后加入你想传达的内容，这可以转移对方的注意力，整理对方的思绪，使对方进入一种接收状态。需要注意的是，你接下去的话必须很有说服力或很有趣。

总之，当顾客有反对意见时，最忌讳的就是直接反驳，这样只能激化与顾客之间的关系。最佳的做法是销售员在认同了客户的想法和感受以后，要尽最大努力使客户的意见具体化，即弄清楚客户反对的细节是什么，是哪些因素导致了客户的反对，从而彻底找出导致客户异议的真正原因。客户很多反对意见并不是他们真实的想法，所以，销售员在听到客户的异议后，不要急于就客户异议本身作出解释，而是要尽量探寻客户更为详细、具体的反对意见。

成交——坐等对方开口不如主动推销

销售绝不是被动地等待，很多时候，坐等对方开口不如我们主动推销。何谓主动推销呢？就是销售员主动走到客户面前为客户介绍产品，带客户领略品牌、产品的奥妙和精彩。

主动推销的方式其实是很好的，这起码可以在最短的时间内给顾客最好的推荐。但主动推销的问题就在于顾客的配合度。很多时候，当销售员热情地主动引导时，顾客却不买账地冷淡说："你先忙吧，我想自己先看看，有事儿的时候，我会再叫你。"那么问题就来了，如果销售员不跟随着顾客，让顾客自己逛，很可能顾客逛一圈就自己走开了，在这时候，如果销售员再强行拉住顾客，往往只会招致顾客的反感和厌恶，遇到这种两难的境地，销售员该如何处理呢？

在遇到此类问题时，我们一定要先分析一下顾客的心理，在顾客进店之后，观望或自己转转看看都是很正常的，这时，销售员要做的第一件事就是千万不要给顾客太大的压力，千万不要强行推荐你的产品，这样反而会促使客户快点离店。但是，我们总不能就这样白白放弃机会吧，那么，有没有更好的方式便于我们能够主动去争取与顾客沟通的机会呢？以下三种方法是比较有效的。

1. 表示出你的专业

"好的，那您先随便看看，我叫小娟，我是这里的形象顾问，我在这里已经做了四年了，如果有需要帮忙的，您可以随时叫我，我相信我能给您一点专业的意见。"

可不要小瞧这段话，良好的销售一定是从优秀的自我介绍开始的，在你顺应了客户的要求之后，再加上这样一段自我介绍，一下子让顾客记住了你的名字，再加上你的语气委婉，这会将你与客户之间的沟通障碍降到一个较小的程度。

特别是在中间又加了一句"我在这里已经做了四年了"，往往顾客在对你的专业程度认可后，会更加愿意与你交流，因为消费者往往相信更专业的人，可以说，这是一种对顾客比较有影响力的销售方式。

2. 增加销售亮点

这种方式与上一种相比，加了一句话："好的，您先随便看看，对了，提醒您一下，我们那边那款产品，是我们今年的得奖产品，如果喜欢，您待会儿可以特别留意一下。"

在这里，销售员的话虽然不多，但是一下子就把亮点产品展示了出来，为什么加这样一句话？很简单，当顾客听到这句话的时候，很可能接着问："哪款产品啊？为什么会获奖啊？这个产品的独特之处在哪里？"很好，如果顾客提出了疑问，那么你被动变主动的机会就来了，这时，你要立即顺势回答："好的先生，那我带您先去看一下。"

3. 主动沟通

沟通要主动。那么，如何判断何时该与顾客进行沟通呢？如果顾客流露出以下特征时，基本表明我们可以与顾客做进一步的沟通。

（1）体验产品。如果在产品的展厅，顾客开始坐在座位上，那么，这便是一个很重要的特征。

（2）将随身携带的物品放下。销售员一定要记住，一旦顾客将随身携带的物品开始放下，那么，销售员马上要做的事情就是询问顾客："××，要不要我帮您把包存起来？"顾客一旦放下了随身物品，就表明他决定要在你的产品前多待一会儿，这是非常重要的信号。

（3）与同伴探讨。比如，顾客与自己的同伴探讨这个商品适不适合自己，适不适合自己的发型或者其他情况等，这说明顾客可能对此款商品产生了兴趣。还有更重要的信息，比如客户在产品前转了一圈，最后又回到原来所停留的某款商品前，这基本上说明顾客在比较之后，对此款商品产生了很大的兴趣。

如果在销售过程中，顾客流露出以上特征，请抓住机会，所谓机不可失、时不再来，在销售过程中，你很有可能只有一次与客户主动交流的机会，错过了，也就只剩下遗憾了。要知道，顾客也有一种旅行团心理，就是每到一个景点的时候，他们都不会太长时间地站在某个景点前，因为他们总相信前面的风景更好，于是，在很多时候，他们总希望赶快赶到下一景点，总想再去下一站看一看，再到下一站去比较比较。结果顾客一到“下一站”，再回头的机会就很小了，因此，销售员一定要抓住这样的机会，切记机不可失、时不再来。

转介绍——主动向客户询问有相关需求的熟人的联系方式

“转介绍”这个词直观一点的意思就是把你的客户变成你的销售员，让他们为你去销售你的产品或服务。为什么人们对转介绍如此的重视呢?因为转介绍是最简单也是最困难的销售手段。

之所以说它简单，是因为尼尔森公司的调查显示，朋友的推荐在众多的广告形式（报纸评论、品牌官网、电视广告、手机短信、电子邮件等）中居第一位，而且信赖度非常高。简单来说，如果让你的客户去帮你推荐了产品，这个力度要远胜过你自己推销。很多销售员仅靠这个方法就可拥有无数客户：每个客户转介绍两个，两个变四个，四个变八个……当重复12 次后，你将拥有 8000 多个客户。但也有销售员或者不好意思让客户转介绍，或者让客户转介绍而客户并不情愿，因而有人就认为转介绍并不好用。

1. 转介绍的关键环节

其实，转介绍是一个非常有效的方法，开发成本较低、效率高、建立信任关系快、沟通成本也低，但它有两个关键环节：一是客户愿意给你转介绍；二是转介绍如何做更有效。而且没有前者就不会有后者。

当然，转介绍要成功，其首要的是客户愿意给你做转介绍。要做到这一点的前提条件是：首先，让客户感受到你的真诚，让客户感受到你做销售不是一锤子买卖，不是骗人，而是处处为客户着想；其次，能长期地与客户保持关系，服务客户。当然最好形成“亦师亦友”的关系。

2. 转介绍的技巧与方法

转介绍要成功，销售员还要掌握转介绍的技巧与方法。

（1）时机。一是在成交之后，客户尚处在“满意”状态时，我们不妨当面请求客户转介绍；二是在与客户建立了信任关系后，适时当面请求客户转介绍。不要觉得不好意思，你只需大胆告诉他们：“我今天取得的成绩和事业，完全得益于你们不断向我介绍高品质的人。我也相信唯有我提供的服务和产品得到客户的充分认可，才可以获得更多的转介绍客户。所以，我会努力为你和你身边的人做好服务，这是我不变的承诺。那可不可以麻烦你也给我写出几个名字，让我也有机会为他们提供服务呢？”接下来，你就可以递出笔和纸，适时对客户进行心理施压，让客户介绍几个人。

（2）选择对象。谁会为你带来转介绍？换句话说，会为你转介绍的客户有什么标志？这些关键点需要销售员在销售过程中就进行分析、识别，而不是到了销售的最后环节，向客户贸然提出请求。在销售过程中，销售员要快速识别出谁才是具有“影响力”的人，这个人的“圈子”是什么样的，这个人认可销售员的重点是什么，我们该如何做才能赢得这个人的认可等。

（3）明确转介绍的客户标准。告知客户适合转介绍的客户标准是什么，最好是现场就请客户给你列出适合的名单，实在不行就让客户直接推荐。

（4）选择转介绍的方式。最好的办法是请客户带你去见转介绍的对象；如果客户不方便，就请客户当场给那个转介绍的客户打个电话，以此引见，这样，便于你和这个客户打招呼并适时约见；最下策的方式是请客户提供转介绍客户的联系方式，之后你再找时间和客户约访。在这种情况下，你要向客户了解转介绍客户的基本背景与情况，以做到心中有数。

（5）善待介绍人。在与转介绍客户成交之后一定要告知原转介绍人，并且不要忘记回馈介绍人。如何善待回馈介绍人？在这一点上，我们不妨向乔·吉拉德学习。

在每次销售出汽车之后，乔·吉拉德总是把一份叫作“猎犬计划”的说明书交给他的顾客。所谓猎犬计划，就是如果乔·吉拉德的顾客介绍别人来买车，成交之后，每辆车他会得到25美元的酬劳。就这样，到1976年，猎犬计划为乔带来了150笔生意，约占总交易额的1/3。乔付出了1400美元的猎犬费用，却通过发展新的顾客换回了75000美元的佣金。在乔·吉拉德看来，一个成功的销售员应该不断去发现新的销售手段，寻找潜在客户。

在实施猎犬计划时，乔·吉拉德特别强调，对介绍人一定要信守诺言，一旦你告诉大家帮助你成交一笔生意就付25美元，这对他们就是一种承诺。如果你骗了他们，你就是个说谎者。如果你骗了250个人，你就明白了这会带来什么后果。

介绍人如果不要现金怎么办？乔·吉拉德说："如果介绍人表示不愿收现金，我就换个办法处理，介绍人每介绍一个人来成交后，我总会给他打电话以表示感谢。并说25美元支票马上寄出，如果他说由于雇主的规定或其他原因不能接受现金时，我会告诉他，我另想办法感谢他。可以给介绍人寄一张餐券，这样他们可以在指定的餐厅吃一顿正餐。如果介绍人也不喜欢这个办法的话，我会寄信给他，并请他把车开到我们店里来享受免费服务。"

3. 转介绍的注意事项

销售员要想做好扩大再销售，实现老客户的转介绍，还需要注意以下事项：

（1）做一个有影响力的人。要想让客户倾心于你，甘于为你转介绍客户，你就要设法让自己成为一个有影响力并且备受欢迎的人。如何做呢？一是让自己成为受欢迎的人。如何让自己受欢迎呢？首先，你要做一个"正人""善人"，人做好了，朋友就多了；其次，要做一个积极、勤奋的人，给客户带来向上的能量。二是让自己成为有影响力的人，最关键的一点就是努力让自己成为专家，让自己成为市场专家，通过提高自己的专业度，为客户提供额外服务，这样客户才会信服于你，才会听你的，才会跟着你走，才能让销售最大化，让他们为你去做口碑营销员。

（2）要时时关注销售细节。细节决定成败，作为销售员，要想扩大再销售，或者实现客户转介绍，就要注意工作中的一些细节，别看这些细节，它有可能决定你再销售的成败。一是不要把每次成交当成结束，而是相反，即当成开始。只有把每一次成交都当成开始，我们才能始终如一地提供产品和服务，才能想客户所想，急客户所急，耐心为客户做好产品介绍、售后服务等诸多细节工作。二是要定期电话沟通，询问客户对于产品及服务的意见或者建议，虚心与客户进行互动而真诚的交流，及时解决客户在使用产品当中的一些实际问题。三是做好客情关系，在客户生日、节假日、结婚、生孩子等诸多时机，别忘了发个祝福信息或者亲自祝贺，这样都会慢慢积累你与客户的情感关系，从而变交易关系为朋友关系。

（3）和介绍人保持联系。在你认识了新客户之后，要向介绍人说明你的介绍费支付办法并留下你的名片，你仍要与他们保持联系。就像乔·吉拉德所说的："在生意有些清淡及有空闲的时候，我会查阅我的生意介绍人档案，看谁一直没有给我介绍生意，然后我会拜访他，和他聊一聊，并了解他最近一直没有介绍生意的原因。他们可能只是把这事给忘记了。我一直在找生意介绍人，因为我已习惯不论自己在哪里，都要寻找生意介绍人。"所以，我们不妨也按照乔·吉拉德的做法时时保持和介绍人的联系。

顾客服务——埋下再一次成交的种子

乔·吉拉德有一句名言："真正的销售始于售后，而不是之前。"他认为，一次购买的结束意味着下一次购买的开始。他深信：在成交之后继续关心顾客，将会既赢得老顾客，又能吸引新顾客。在这样的观念下，乔·吉拉德认为，和服务过的客户保持个人联系是非常重要的。为此，乔·吉拉德每月会给他曾经的顾客寄出上万张他亲笔签名的贺卡，时常给他们写信，关心他们的生活，问他们是否需要帮忙，问他们使用后的效果如何，让顾客们永远记住乔·吉拉德，永远记住，买汽车只要去找一个人就可以了，那个人就是——乔·吉拉德。

“真正的销售始于售后”，其含义就是产品卖的是一种服务，优质服务就是良好的销售。乔·吉拉德说：“推销是一个连续的过程，成交既是本次推销活动的结束，又是下次推销活动的开始，所以我在成交之后会继续关心我的客户，而不是把他们置于脑后。在这一个月里，我不断地为我的客户们提供着各种良好的服务，他们对我的印象越来越好，也越来越认可我们的产品，而且都非常积极主动地向他们的朋友推荐我的产品，就这样，我既保住了老客户，又吸引到了更多的新客户，成交量也就日益增加了！”

由此可见，在成交之后，销售员如果能够继续关心顾客，向顾客提供令他们满意的良好服务，顾客就会再次光临，并且会给你推荐新的顾客。“你忘记顾客，顾客也会忘记你”，这是很多成功的销售员的格言。在成交之后，继续不断地关心顾客，与顾客保持密切的关系，不仅可以帮助我们防止顾客流失，还可以帮助我们战胜更多竞争对手。

售后服务做得好了，顾客必然会变成回头客，一次又一次地购买。事实上，推销是在建立好人与人之间关系的基础上发展生意。如果你认为做好销售靠广告、产品就够了，就可以等着客户上门，这就大错特错了。顾客需要的绝对不仅仅是一个商品，更不是一个广告，他们需要的是关怀，是服务，是被关注和认同。

所以，这就是商品售出后推销员的作用不仅没有减弱，反而更加加强的原因。一切的生意都是人与人之间的关系。乔·吉拉德的汽车和其他推销员的汽车并没有区别，但顾客的购买其实并不只是汽车本身，而是汽车背后的服务。顾客看重的是推销员是否值得信任，是否能够帮助他们。类似的还有哈唯·麦凯的信封，信封是一个同质化很强的行业，而哈唯·麦凯卖出的信封远远高于他的同行们，原因依然在于哈唯·麦凯比其他竞争对手更懂得关注顾客本人。他的法宝就在于麦凯66问，通过这些问题了解了顾客所有的信息，借此麦凯公司可以最大程度地保持和顾客本人的私人联系，懂得他们的爱好、他们的家庭成员、他们的工作、他们的生日……当顾客定期收到麦凯的问候、定期收到让人惊喜的小礼物的时候，而他的竞争对手没有做到这些，试问，这个顾客会购买哪家公司的信封?

其实，很多时候，是销售员的态度以及和别人相处的方式赢得了销售，而不是与销售方法有什么内在的关系。从这个角度来说，销售和服务经常是紧密联系的，特别是在服务行业。如果表现出优秀的服务态度，销售自然而然就容易做得多了。

拥有40余本销售专著的资深营销专家帕特里克·弗塞斯曾讲过自己的一次亲身经历：

> 这件事情发生在我入住一家万豪（Marriott）连锁酒店期间。登记入住的时候，根据他们的惯例，身着制服的工作人员走出前台，当你坐在舒适的座位区的时候，他们快速高效地办完了顾客签名留底业务，然后领你到了登记的房间。做这一切的女士既高效又充满魅力。两三天后，我去前台结账，结果还是那位女士前来提供帮助。当得知我要结账离开时，她说："请让我来为您结清手续。您的房间号是234，弗塞斯先生，对吗?"惊诧于她非凡的记忆，我向她打问该酒店有多少个房间（她告诉我有近500间），我又问道："你是不是记住了所有客人的房间号?"她笑着回答："大多数都记得。"我相信她的话，也很爱看到她回答我的问题时的高兴样儿。我立刻对她另眼相看。
>
> 她负责照料客人，但同其他酒店通常要求做的相比，她做得要更为完善。例如整个入住登记过程，当然还有其他事情。尽管没有明显地参与到销售活动中，但她的所作所为，会招揽许多的回头客。

所以，请永远记住，销售和服务是相互交叠的。也要永远明白，并利用销售活动服务性的一面，把它作为成功销售的基础。如果一个销售员所做的能够像以上案例中那样产生令人愉快的感觉，那么，我们根本就不用愁没有业绩。

每一个销售员都想做到二次成交、三次成交……再销售是一种借力使力，它甚至可以产生倍增效应，让销售步入一种良性循环状态，甚至出现业绩“井喷”效果，因此，让成交客户扩大再销售，便成为很多销售员追求的境界，但如何才能有效做到呢？不错，很重要的一点就是提供超值服务。

所谓超值服务就是在提供了符合客户需求、让客户满意的产品之后，要想扩大再销售，让老客户能够做我们的义务宣传员、推销员，实现转介绍，销售员还要做好额外的服务工作。这也许是分外的事情，但却也是客户最感觉有价值、受尊重甚至物超所值之所在。

比如，销售员要做最大化的超值服务，就不仅仅要做好售前、售中、售后服务，还要给客户提供顾问式的服务。顾问式的服务包含两层含义：一是销售员要用心服务，而不是用嘴服务，也就是答应为客户做的服务项目就一定要兑现；二是销售员会做顾问式销售，不仅把产品卖给了客户，还能做客户的高参，比如协助客户完善其企业的规章制度，帮助客户完善操作手册，免费给客服提供员工培训，给客户提供一些有参考价值的信息、合理化的经营或者管理建议等。

营销大师原一平说：“营销前的奉承，不如营销后的周到服务，这是制造永久客户的‘不二法门’。”无论多么好的商品，如果服务不完善，客户便无法得到真正的满意，甚至当服务方面有缺陷时，就会引起客户的不满，从而丧失客户对商品自身的信任。所以，销售员要实现二次或者多次成交，一定要舍得花时间在服务上。

被尊称为寿险推销大王的乔·坎多尔福说："优良的服务就是优良的营销。要想与那些优秀的营销员竞争，就应多关心你的顾客，让顾客感到你这儿有宾至如归的感觉。你应该建立一种信心，让他永远不能忘掉你的名字，你也不应该忘记顾客的名字。你应确信，他会再次光临；他也会介绍他的同事或朋友来。能使这一切发生的方法只有一个，就是你必须为顾客提供优质服务。"

坎多尔福不仅在营销过程中提供优质服务，而且还传授了他的售后服务方式，他说："有个好主意可使你在售后继续提供优质服务，那就是在成交后着手给他写几句什么，或是打个电话。"这样，不仅表达了你对顾客的关心，还可以顺便向他们介绍更新的产品，如此完成成交之后的继续销售。

第五章 越是优秀的团队越需要激励

有效的激励对于销售员来说，就好比是他们的三餐，销售员吃不饱，肯定没力气工作。管理者如果不想让你的销售员失去工作的激情，那么，就要及时给予他们激励。当然，由于每个人的需求存在多样性、多层次性和动机的复杂性，管理者在调动人的积极性时，也应综合运用多种激励手段，这可以使全体员工的积极性、创造性以及企业的活力达到最佳状态。

打造赢销特种兵
做最强的营销战队

金钱，简单而实用的激励手段

金钱激励是指团队成员完成一定绩效，而得到相应报酬作为奖励。保证正常生活是团队成员的基本需要，团队成员为组织做出贡献，目的就是取得薪资报酬，以维持和改善日常生活。研究表明：对工作进行重新设计以使工作更为丰富化，会使员工的生产率提高8%～16%；靠目标设定来激励员工，员工的效率可以提高16%；而以金钱作为刺激物可以使生产率平均提高30%。金钱激励是激励方式中的一种，它虽不是唯一有效的激励方式，但却是最直接也是必不可少的激励方式。

金钱激励的依据是马斯洛的需求层次理论。在管理学领域，马斯洛的需求层次理论将人的全部需求分为5个层次，人最基础层次的需求就是包括食物、水、住所等方面的生理需求。金钱激励的出发点正是关心人们的切身利益，不断满足人们日益增长的物质生活的需要。并且在劳动还没有成为人们的第一需要之前，金钱仍是员工工作的一种强大动力。无数经济学家认为，在当前，金钱及个人报酬仍是人们努力工作最重要的目的，经济性报酬可以立竿见影地使员工幸福当下化。所以，公司要想提高员工的工作积极性，最实用的方法是用经济性报酬。尽管在知识经济时代，人们的生活水平已显著提高，金钱激励渐呈弱化趋势，然而，物质需要始终是人类的第一需要，也就是说金钱激励仍是当下激励的主要形式之一。

金钱是最实用的激励手段，也是最简单的激励手段，但这看似简陋的、缺乏系统的激励方式，如果能换一种形式表现出来，就会成为直接而有效的激励销售员的最好手段之一。

我们发现对销售员的激励在发钱的时刻是最有效的，如何利用这个时间将激励做足就显得非常重要。曾经有这样一家企业，在给销售员发提成的时候采用现金形式。与将提成直接打到工资卡上不同，每次给销售员发提成，那都是一个非常难忘的场景：很多销售员在焦急地排队，等待着领取奖金。领到奖金的每个人都在数钱，数钱时的专注与满足溢于言表，成就感就在数钱的指缝中一点点地堆积起来，完成任务的销售员喜不自制，没有完成任务的销售员充满羡慕，个个发誓下次要完成任务拿到高额奖金。总之，整个场面非常激动人心，简直成了一个盛大的切磋会。

到现在为止，这家企业还坚持着将所有的提成用现金形式发放，面对自己辛勤的劳动成果，销售员自豪的心情不言而喻，很多不愉快的情绪一扫而空。管理人员顺势而为，在销售员数钱的同时进行绩效面谈，原来听不进去的一些意见，现在员工们竟然听了进去，就这样，同样的内容以不同的形式呈现，其效果截然不同，更为重要的是这种发放奖金的形式这家企业坚持了很多年，并且百试不爽。

很多企业缺少的根本不是奖励，企业的销售员也不是没有挣钱，但是其激励所起到的效果却并不大，这与缺乏强烈的激励形式有密切的关系——不是钱发得少，而是管理者没有将这些激励赤裸裸地表现出来，没有形成极大的表象刺激，因此，就没有起到应有的效果。

此外，金钱激励除了在兑现方式上大有文章可做外，我们还要清楚地知道金钱激励的弊端。金钱用于激励是一把典型的双刃剑。一方面，金钱是最直接、最能立竿见影的激励措施；另一方面，金钱也是最不可靠的激励手段。你知道一个员工认为该拿多少钱才愿意任劳任怨吗？你能保证员工因为多拿钱而多干活吗？多数情况下答案都是“不能、不知道”。要知道，每个人对金钱的反应是大相径庭的，钱多钱少所带来的激励效果也明显不同。有时，钱仅仅是稍微少点，可能就等于白花，毫无激励效果可言。所以，在使用金钱激励时，除了要利用好的形式，我们还必须要记住下面几件事。

1. 金钱的价值

相同的金钱，对不同收入的员工有不同的价值。对于某些人来说，金钱总是最重要的，而另外一些人可就不那么看重。因此，在利用金钱激励时，一定要考虑员工的经济背景。比如，很多员工本身就已拥有相当可观的存款和相对齐备的家庭设施，或者是员工本身就出生在相当富裕的家庭，对于这样的员工来说，物质激励如工资对他的激励作用不会很大。此时，就要考虑其他的奖励方式，比如精神奖励等。

2. 金钱激励必须要公正

一个人对他所得的报酬是否满意并不是只看其绝对值，而会进行一些比较，通过比较，来判断自己是否受到了公平的对待，从而调整自己的工作态度。

3. 金钱激励反对平均主义，平均分配就等于无激励

尤其是对销售业绩突出的员工来说，平均分配更是对他们的一种打击。业绩多了也白费，和业绩少的员工待遇一样，这对他们绝对是一种消极暗示。

此外，在采取个人奖励还是团队奖励这个问题上，我们也需要考虑。因为团队成员并不是独立工作，工作结果往往难以明确计数。使用个人业

绩与报酬相挂钩，一方面难以准确衡量，另一方面容易造成团队成员忽视甚至伤害团队集体利益。使用团队业绩与报酬相挂钩，又难免会引起“大锅饭”现象。激励团队成员共同进步，最好的方案可以让个人报酬和团队报酬相结合。比如，某销售公司，除了根据个人业绩发放报酬外，同时还建立了一个更大的奖励基金，并且与团队的绩效相挂钩。这很好地激励了团队成员为团队的利益奋斗，并且每个人都能从中得益。

设置好充满诱惑力的薪酬激励标准

激励是管理的核心，而薪酬激励又是企业目前普遍采用的一种激励手段，但由于薪酬会直接影响到员工的工作情绪，使用不好就会造成负面影响，所以，每一个公司对薪酬激励制度的建立都非常慎重。那么，什么样的薪酬激励标准才算有效呢，才能对员工充满诱惑力呢？

相对于传统的利用固定工资等外在的物质因素来促使员工完成工作目标的薪酬，充满诱惑力的薪酬标准应该更多地从尊重员工的“能力”“愿望”等角度出发，从而能更好地创造员工个人与企业利益“一体化”的氛围。一般来说，充满诱惑力的薪酬激励标准是由以下几个要素构成的。

1. 基于岗位的技能工资制

基于岗位的技能工资制是一种强调个人知识水平和技能，推动员工通过提高个人素质来实现工资增长的一种工资体系。它是将岗位承担者所担任的工作内容和完成工作时所需要的能力，作为工资多少的关键因素。在这种工资体系下，知识水平高、能力强的员工被大大吸引，他们会不断提高自身知识水平和技能，最终为企业做出更大业绩。

2. 灵活的奖金制度

奖金主要是指在员工为公司做出额外贡献时，给予的金钱激励。但国内大部分销售企业的奖金在相当程度上变成了固定的附加工资，已经失去了奖励的意义。为了发挥其奖励意义，我们不妨向美国通用电气公司学习一下。在研究了奖金发放中的利弊后，美国通用电气公司在建立奖金制度时，为了体现奖金发放的灵活性，遵循了以下原则：

（1）奖金可调整性。不能把奖金固定化，否则，员工会把奖金看作理所当然，起不到奖金作用，“奖金”也就沦为了一种“额外工资”。通用电气根据员工表现的变化随时调整奖金数额，让员工有危机感，也有成就感，从而鞭策员工长期不懈，做好本职。

（2）割断奖金与职位高低之间的“脐带”。通用电气彻底废除了以往的奖金多少与职位高低联系的旧办法，他们使奖金的发放与职位高低脱离，让奖金真正起到激励先进的作用。一方面，这样可以给人们更多不需提高职位而增加报酬的机会；另一方面，也防止了高层领导放松工作、不劳而获的官僚作风。

3. 特色的福利体系

良好的福利系统对吸引和保留员工非常重要，它也是公司人力资源系统是否健全的一个重要标志。福利项目设计得好，不仅能给员工解除后顾之忧，带来方便，而且可以节省在个人所得税上的支出，同时提高公司的社会声望，提高员工对公司的忠诚度。

对企业而言，福利是一笔庞大的开支，但对员工而言，其激励性不大，有的员工甚至还不领情。为什么？很重要的一个原因是福利平均。所以，企业在建立福利体系时，最好在兼顾公平的前提下，让员工所享有的福利和工作业绩密切相连，让他们知道一切福利需要自己去努力争取，一切取决于自己对公司的贡献。并且，不同的部门应该有不同的业绩评估体系，员工定期的绩效评估结果决定福利的档次差距，从体制上杜绝福利平均的弊端，其目的在于激励广大员工力争上游。

在福利形式上，最好的办法是采用菜单式福利，即根据员工的特点和具体需求，列出一些福利项目，并规定一定的福利总值，改变以前员工无权决定自己福利的状况，让员工自由选择，各取所需。这种方式具有很强的灵活性，完全区别于传统的整齐划一的福利，很受员工的欢迎。实际上，员工一旦在某种程度上拥有对自己福利形式的发言权，则工作满意度和对公司的忠诚度都会得到提升，同时也提高了公司用于福利开支的资金的使用效率。

4. 宽带工资制

在销售激励方面，所谓宽带工资制就是在定工资时，销售员的底薪不一定高，但只要销售员做得好，其薪酬完全可以高过所有的岗位。宽带工资制要考核两个价值：岗位价值和贡献价值。在很多企业中，经常只考虑考核岗位价值而忽略贡献价值，比如，从岗位价值来看，航空公司空姐的岗位价值肯定超不过飞行员的岗位价值；但从贡献价值来看，一个非常优秀的空姐甚至远远会超过一个平庸的飞行员的贡献价值，所以一个非常优秀的空姐的奖金收入可能就要高过一个平庸的飞行员，这就叫宽带：起点不一样，终点可以超过。所以，企业的销售体系要创造差距、惊喜，以利于销售员稳定地工作，不妨学会用宽带工资制。

所谓“重赏之下必有勇夫”，充满诱惑力的薪酬是有很好的激励作用的，但是需要注意“双曲线贴现”效应：当诱惑还很遥远，我们就可以忽略诱惑；但是，当诱惑就在眼前，我们就会激情四溢，忘掉长远目标。如何让奖金起到很好的激励作用？“兄弟们，到总攻的时候了！第一个拿下业绩的，赏银1万元；抓住大客户的，赏银4万元!”显然，这样的激励可以让员工舍命向前。“兄弟们，咱们好好干，到了年底，公司要是赢利了，每人都有份!”显然，这样的激励与每天早上看一会儿网络小说、刷刷微博比起来，就没那么大吸引力了。所以，奖励越是滞后，越是不确定，数量越少，就越难发挥作用。总之，要想使薪酬既具有最佳的激励效果，又有利于员工队伍稳定，就要在薪酬制度上增加激励作用，同时在实际操作中学会使用一些技巧。

满足团队成员的心理需求

管理从根本上来说是做好人的工作。而要做好人的工作，首先就要懂得人的心理，这是现代企业管理的重要基础，也是公司管理观念上的一场革命。管理者都知道员工奉献和忠诚的重要性，那么，员工的奉献和忠诚来源于哪里？来源于员工的心理需求得到了满足。许多优秀企业的典型管理经验足以证明：员工对企业的奉献和忠诚，是拿高薪换不到、买不来的。企业只有关注员工的心理需求，洞察他们的心理变化，真正拿他们当回事，员工才能铁了心与企业共命运，才能拿企业当回事。

伴随着公司管理观念上的革命，现在，在管理界流行着一个词：心理收入。越来越多的企业开始朝着关注员工的心理需求、满足员工的“心理收入”的方向前进，并不断取得成绩。那么，什么是员工的“心理收入”？员工的心理收入是指除了员工的工资、奖金、各种津贴和福利等外在经济报酬外，员工在心理上产生的一种对企业及其工作本身的感受，它属于非经济性报酬的范围。

1. 员工心理需求的种类

一般来说，员工希望得到的“心理收入”包括四类需求：

（1）安全需求，包括员工的劳动安全、职业安全、生活稳定等需求。安全需求比生理需求高一级，每一个在现实中生活的人，都会产生安全感的欲望、自由的欲望、防御的欲望，当生理需求得到满足以后，员工就希望这种需求得到满足。

（2）社交需求，也叫归属与爱的需求，是一个人对友情、信任、温暖的需要。具体到员工来说，是指员工渴望得到团体、朋友、同事、领导的关怀、爱护和理解。社交需求比生理和安全需求更细微，更高级。

（3）尊重需求，包括自尊、他尊和权力欲，尊重需求很少能够得到完全的满足，但只要满足其中之一，就可产生推动力。

（4）自我实现需求，是最高等级的需求。这是一种创造的需求，是指一个人想成为众所期望的人物。要满足员工的这种需求，就要求管理者赋予员工与其能力完全相称的工作，让他们最充分地发挥自己的潜在能力。

2. 如何满足员工的四类需求

具体来说，我们可以通过哪些具体的做法来满足员工的这四类需求呢？

（1）尊重员工个人和其劳动成果。尊重是加速员工自信力爆发的催化剂，尊重激励是一种基本激励方式。上下级之间的相互尊重是一种强大的精神力量，它有助于公司员工之间的和谐，有助于企业团队精神和凝聚力的形成。要做好尊重，我们就要做到以下几个方面：

①对待员工要一视同仁。在管理中不要被个人感情和其他关系所左右，不要在一个员工面前，把他与另一个员工相比较，也不要在分配任务和利益时有远近亲疏之分。

②不要对员工颐指气使。有不少管理者吩咐下属时喜欢发号施令，给人一种不容亲近、高高在上之感。员工心里肯定不会舒服，他们会认为自己没有受到尊重，从而对管理者产生抵触情绪。试想，这样员工怎么可能会把全部的精力投入到工作当中去？实际上，与其发号施令显示你的权威，不如礼貌地和你的员工商量，一句礼貌用语不会让你吃亏，却能得到丰厚的回报，让员工从心里认同你。

③认真聆听员工的心声。在工作中，注意聆听员工的心声是成功管理者十分明智的做法，也是尊重员工、团结员工、调动员工工作积极性的有效方法。只有广泛地聆听员工的意见、看法，并认真加以分析，才能避免工作中由于疏漏造成的失误。对于员工的抱怨，管理者也不要一味地打压，给他们说的机会，他们就会认为你很尊重他们，这样，员工自愿意把你当成朋友，并愿意为你拼命。

④尊重员工的劳动成果。团队领导者是对团队成员工作成绩的直接评价者，很可能因为不够重视成员的工作成绩而伤害到成员的积极性和自尊心。在任何情况下，团队领导者都需要向团队成员传达这样的信息：你对整个团队非常重要。真诚地接触你的团队成员，让他们真实地感受到你的重视。

（2）让员工参与管理。美国前舰队司令兼国防参谋长泰伦斯·莱温爵士说："要想激发员工的主人翁责任感，就得尽量让每一个人充分了解自己的任务，无论好、坏消息都让他知晓，这样才能使下属觉得受到了公司的信任，因而更热诚地投入工作。"员工都有参与管理的需求和愿望，创造和提供一切机会让员工参与管理是调动他们积极性的有效方法。让员工恰当地参与管理，既能让员工形成对公司的归属感、认同感，又可以更好地满足他们自我实现的需要。

（3）给予员工培训。培训能增强员工的信心，是给员工的最大财富，所谓“授之以鱼，饱食一日；授之以渔，饱食终生”。可以说，培训是给员工最好的激励，培训可以使一个员工在激烈的市场竞争中保持强劲的优势。此外，任何员工都有晋升的欲望，给予员工培训，通过培训充实他们的知识，培养他们的能力，给他们提供进一步发展的机会，有利于满足他们自我实现的需要。

（4）在团队中营造一种信任的气氛。在团队中营造一种信任的气氛，让个体感受到在团队中工作的心理满足，而这种满足感是在单独工作中所不曾感受到的，这种满足感主要来自团队管理者和其他成员所给予的基于信任之上的支持、鼓励和肯定。这样不仅利于员工更加轻松地去工作，还能感受到领导、同事对自己的重视，这对激发员工的积极性是有很大作用的。

要营造一种信任的气氛，管理者需做到以下三个方面：

①建设良好的沟通渠道，便于成员彼此之间分享各自的想法和情感，增进了解，消除误会，从而达成共识，降低内耗，同时满足成员之间的社交需要，达成心理的和谐感。

②维护员工利益，当团队成员受到外来者的不合理攻击时，管理者要用言语和行动来支持自己的团队，维护他们的利益，从而有效地团结成员，提升成员的内心归宿感和安全感。

③客观公正，在绩效评估中做到公正无偏，做到让成绩说话，并及时肯定成员所做出的贡献，满足成员的心理成就感。

总之，作为团队领导者，最大的财富就是你的团队成员。你真正的成就感取决于如何让他们更好地为这个团队而工作。所有的团队成员都是赋有社会角色的人，而不是工作的机器。他们有感情、有需要，他们对一份工作有自己的感知。如果他们喜爱这里的工作，就会乐意倾力贡献。要想让团队成员更好地为团队贡献，领导者就必须重视每一个成员。

荣誉有时候比金钱更有效

荣誉是众人或组织对个体或群体的崇高评价，是满足人们自尊需要，激发人们奋力进取的重要手段。一个没有荣誉感的团队是没有希望的团队，一个没有荣誉感的员工不会成为一名优秀的员工，军人视荣誉为生命，任何有损军人荣誉的语言和行为都应该绝对禁止。同样，如果一个员工对自己的工作有足够的荣誉感，以自己的工作为荣，那他必定会焕发出无比的工作热情。荣誉是贡献的象征，每一个员工都有一种强烈的荣誉感。当获得某种荣誉时，就能增强信心，就会体会到自己的价值，对企业怀有满腔热情。因此，满足员工的荣誉感，可以迸发出强大的能量。

一位著名的企业家说，荣誉感是团队的灵魂，如果一个团队内的成员没有荣誉感，即使有千万种规章制度或要求，他们可能也不会把自己的工作做到完美；可相反，如果员工们有了荣誉感，这种荣誉能让他们全力以赴对待工作，能让他们自觉远离借口，远离一切有损于公司和工作的行为。在争取荣誉、创造荣誉、捍卫荣誉、保持荣誉的过程中，他们个人也会不知不觉地融入到集体之中，获得更好的发展。

从激励的角度来说，荣誉激励是一种终极的激励手段，它主要是把工作成绩与晋级、提升、选模范、评先进联系起来，以一定的形式或名义定下来，主要的方法是表扬、奖励、经验介绍等。从人的动机来看，人人都具有自我肯定、光荣、争取荣誉的需要。对一些工作表现比较突出、具有代表性的先进员工，给予必要的荣誉奖励，是很好的激励方式。可以说，荣誉激励成本最低廉，但效果却出奇地好。那么，具体可以通过哪些方法进行荣誉激励呢？

1. 给予特殊身份

美国 IBM（国际商业机器公司）有一个“百分之百俱乐部”，当公司员工完成他的年度任务时，他就会被批准成为该俱乐部会员，他和他的家人就被邀请参加隆重的集会。结果，公司的雇员都将获得“百分之百俱乐部”会员资格作为第一目标，以获取那份光荣。

2. 给员工特殊的头衔

对于员工，管理者千万不要太吝啬一些头衔、名号，一些头衔、名号可以换来员工的认可感，从而激起员工的干劲。日本电气公司在一部分管理职务中实行“自由职衔制”，即可以自由加职衔，取消“代部长、代理”“准”等一般普遍管理职务中的辅助头衔，代之以“项目专任部长”“产品经理”等与业务内容相关的、可以自由加予的头衔。

比如在销售中，我们也可以赋予优秀的员工以不同的头衔或者名号，如“四大天王”：风王——增长率最高人；调王——占有率最大的人；雨王——销售量最大的人；顺王——销售额最多的人等。要知道，每一个人都有一定荣誉感，而一个别出心裁的头衔或名号就可以很好地起到激励员工、提升员工工作热情的效果。这样的荣誉激励无须成本，管理者何乐而不为!

3. 建立荣誉室

将企业每年通过公正评选出来的突出的优秀区域市场经理和业务人员的大幅照片挂在荣誉室，并配以文字说明，将对员工产生很大的激励作用。

4. 颁发内部证书或聘书

人都比较注重荣誉，这是人的需要之一。证书代表着一种认可，是一种荣誉，也是激励员工的一种有效方法。

5. 以员工的名字命名某项事物

用人名命名某项事物，在科学史上，已经成为惯例，这是公认的对科学家的最好的纪念，比如诺贝尔奖等。在企业界，这种做法正在被广泛推广。为了纪念员工在某个方面做出的贡献，企业常常用员工的名字来命名某项事物。这种荣誉激励，是对员工符合组织目标期望的行为进行的奖励，从而使这种积极向上的行为更多地出现，以更好地调动员工的积极性。比如海尔的“王德工作法”“李勇冰柜”等，都是以海尔员工的名字命名某项事物，让他们获得一种自豪感，从而更加充满激情地去工作。

当然，要用好荣誉激励，管理者要注意：荣誉的设置是为了奖励先进，既然是奖励先进，就不能搞平均主义；荣誉是奖励贡献的，不是奖励资历的，绝对不能简单地论资排辈；荣誉的授予不能简单草率，需要郑重其事；荣誉要与利益挂钩，只有精神奖励的荣誉很难使员工保持持久的热情，只有与利益（包括经济利益、福利利益、机会利益等）载体挂钩，其激励作用才会持久。

荣誉是一个人的社会存在价值的表现，在人的精神生活中占有重要位置，而荣誉激励是一种成本低、效果好的激励方式，领导者应该学好荣誉这种有效的激励技巧。

适时给员工来点负激励

时下，特别流行“正能量”这个词语，在管理当中，对员工的激励方法多种多样，大多数管理者会认为正能量比较厉害，于是，他们往往就注重正面的激励，比如给员工一定的荣誉奖励、给员工额外的奖励、给企业的老员工一定的股权、尽量满足员工的职位晋升要求等，只有在迫不得已的时候，他们才会采用负激励对员工施以重锤。

其实，正负能量并不是绝对的，在很多时候，是可以互换的。况且激励都是因人因环境而异的，在一些事情上采用负的方法也未尝不可。对员工而言，与正激励相比，在一些特殊的环境中或对特定的人采取负激励的方法更能激发他们的积极性，使其产生良好的绩效。在这里，列举三种比较常用且比较有效的负激励方法。

1. 斥责激励法

斥责激励法即批评激励法，作为一名优秀的管理者，批评、斥责是日常管理工作中的一项不可缺少的内容。可能有些管理者会觉得批评下属是一种比较泄气的行为，可能会不利于下属的身心，但实际上，管理者对待下属不仅要有适当的表扬，当下属在工作中出现了错误或者缺点时，还需要及时提出批评，以督促下属尽快改正错误或者缺点，不断进步，从而变得更加优秀。

要知道，管理者在错误和缺点面前选择包容，那是对下属的放任，对下属和团队没有一点好处，只会阻碍下属的发展，更不利于团队的整体建设，甚至还会影响整体的业绩。因此，学会合理地运用斥责激励法也是管理者的重要一课。我们可以学习美国食品大王吉诺·鲍洛奇以斥责来激励员工的方法。

吉诺·鲍洛奇是美国商界一位传奇人物。他出身寒微，白手起家，在20年间就成为了具有亿万元资产的巨富。吉诺·鲍洛奇深谙用人之道，除了公司内部引入竞争机制外，当发现员工工作没做好，业绩不达标时，他还会大声训斥。在这样的压力下，大家都尽最大努力干好工作。

有一次，鲍洛奇决定扩建一个新的厂子，由于事关企业的生死，他特意派了一批非常得力的员工去执行工作，尽管那里的工作环境比较差，但鲍洛奇还是再三强调要如期完成。在预定开工前不久，鲍洛奇前去检查工作。结果，他发现大家还有好多工作根本就没做好。鲍洛奇顿时火冒三丈，他本来想宽慰员工，却突然想到，新厂要是不能按时开工，将会给企业带来无法估量的损失，企业的员工也要跟着遭殃，想到这里，鲍洛奇忍不住大发雷霆："你们个个无精打采，用这样的速度干活，是想让全公司死在你们手里吗！你们还是得力员工呢！我看什么都不是！"

鲍洛奇走后，员工们个个怒气冲天。但不是因为被老板责骂而感到生气，而是在老板的怒斥下，他们的求胜心被彻底燃烧了起来。他们都憋着一股子劲，偏要做给鲍洛奇看看，他们就是要证明在这样艰苦的条件下，他们一样可以干出好成绩。于是，大家给彼此加油鼓劲，努力快干，夜以继日，终于按期完成了任务。这就是鲍洛奇的"斥骂激励术"，它给企业带来了巨大的效益，更激发出了员工的潜能。

斥责是一门学问，有效地、有针对性地批评，完全可改变、塑造一个人，甚至可以引领一个人走向成功。不要觉得只有赞美才能激励员工，批评运用好了一样可以起到好作用。如果说赞美是抚慰灵魂的一缕阳光，那么批评就是照出灵魂的镜子，能让人更加真实地认识自己、改进自己，从而取得更大进步。

2. 困境激励法

困境是一种负面的因素，但对于强者来说，困境就是激励他们不断前进的催化剂。在企业中，管理者若能利用好困境激励，对团队而言是非常好的一件事情。

美国康奈尔大学曾经做过一次著名的青蛙实验：将一只充满活力的青蛙投入到沸水中，在临危之际，为了求得一条生路，青蛙会奋力一跳。通过这个实验，专家们发现，大多数动物都有这样一种本能——当它们处于一种舒适环境时，它们更容易进入麻痹状态，最终导致死亡；而当它们突然受到外界的某些刺激的时候，则会迅速地做出反应，从而产生一种超强的力量，以达到避害逃生的目的。同样，人也如此。所以，管理者不能造成销售员的长期安逸感，不然他们无论是业绩多么差都依然能高枕无忧，时间一长，只能在企业中造成一种无所谓的企业文化。要打破这种局面，管理者就要把握好风险与稳定的平衡点，适时给那些缺乏动力和进取心的人注入危机感，这对激发他们的潜能是相当有帮助的。

心理学上的两个重要发现解释了这种现象：

（1）当一个人的成功概率刚刚达到50%的时候，人们取得成功的动力最大。也就是说在一定程度的不利因素下，人们仍有可能追求成功，此时，人们达到目的的动力最大。

（2）Yerkes－Dodson（耶克斯—多德森）规律表明，随着人们焦虑程度的增加，人们的业绩也会相应提高。当焦虑程度达到人的临界点时，人们的业绩也会随之达到最高值。

无数事实证明，当一个人在遭遇困境的时候，他会不遗余力地去奋斗，更能发挥出自己的最大潜能。一些有远见的管理者正是因为认识到了这一点，所以才会有意识地利用困境激励来适时地为员工制造一些紧张气氛，让员工时刻感觉到危机感的存在。比如，很多管理者会时不时地提醒自己的员工，企业可能马上要面临重大的危机，他们很可能会失去自己的工作，以此来激励他们尽其所能，不至于怠慢企业和自己的工作。

3. 内部竞争激励法

社会上充满了竞争，一个公司内部也充满竞争。合理运用好人与人之间的竞争，有利于最大限度地发挥人才的优势，有利于大大提高公司的业绩。日本松下公司就特别善用竞争激励法。

日本松下公司每季度都要召开一次各部门经理会议，以便于彼此了解经营成果。在开会之前，松下总会把所有部门按照完成业绩的情况从高到低分别划分为A、B、C、D四个等级。在会上，A级部门的经理首先做报告，依次是B、C、D级，在每次会议之后，B、C、D级的部门业绩总会比之前有大幅提升。松下公司的这种做法正是充分利用了人们争强好胜的心理，因为谁都不愿意做最后一名，于是，大家就努力提高部门的业绩。可见，良性的竞争对团队的进步和成长是非常有利的。从结果来看，良性的竞争能使竞争者之间互不服气，这样能大大激发员工的积极性。这比各种说教、培训、劝诫、警告的效果要好很多。

在一些特殊环境或对特定的人采用负激励方法更能激发他们的积极性，使其产生良好的工作绩效。在管理的过程中，管理者要做到两手抓两手都要硬，不能简单地只抓正激励一个方面，要正负结合，激发员工的最大热情。

让团队成员感到危机的几种方法

古人说“生于忧患，死于安乐”，意思是说人要有危机感，因为太安逸的生活容易使人堕落，不思进取。一个人只有有了危机意识，才能随时意识到别人的压迫、环境的危机，才能不断进取。要知道，一个温暖的被窝可以让人失去斗志，但是一盆冷水却能让人看到需要改变。当一个人处在一种不利己的环境下，通常更能爆发出惊人的力量。因此，作为一个领导者，我们不能只报喜不报忧，要让每个员工都知道危机的存在，给员工一个危机激励。

有危机感，员工才能不断进步，才能知道不进步就要被别人超越。同样，有危机感的团队才不会被超越，有危机感的公司才有积极创新、积极开拓市场的力量。合理使用危机刺激，让危机刺激到每一个人是管理者的一个重要任务。

那么，我们如何对团队成员进行危机激励呢？激励专家认为，通过以下措施，可以有效地树立员工的危机意识。

1. 向员工灌输企业前途危机意识

企业的管理者要告诉员工，企业已经取得的成绩都只是历史，在竞争激励的市场中，企业随时都有被淘汰的危险，要想规避这种危险，唯一的办法就是靠全体员工努力工作，这样企业才能永远处于不败之地。此外，企业领导要不断地向员工灌输危机观念，让他们明白企业生存环境的艰难，以及由此可能对他们的工作、生活带来的不利影响，这样就能激励他们自动自发地努力工作。

2. 向员工个人灌输他的前途危机

企业的危机和员工的危机是连在一起的，所以所有员工都要树立“人人自危”的危机意识，无论是管理者还是普通的员工，都应该时刻具有危机感。管理者要告诉员工今天如果不努力工作，那么，明天就得努力找工作。如果员工在这方面形成共识，那么他们就会主动营造出一种积极向上的工作氛围。

3. 向员工灌输企业产品所面临的危机

企业领导要让员工们明白这样一个道理：能够生产同样产品的企业比比皆是，要想让消费者对企业的产品情有独钟，产品就必须有自己的特色，这种特色就在于可以提供给顾客的是别人无法提供的特殊价值的能力，即人无我有，人有我优，人优我特。

4. 实施末位淘汰激励

末位淘汰法是一种强势管理，旨在激发员工的工作积极性，通过有力的竞争使整个单位处于一种积极上进的状态，从而提高工作效率和企业效益。在企业中实行末位淘汰法，能够给予员工一定的压力，从而在员工之间产生竞争气氛，有利于调动员工的积极性，使企业更富有朝气和活力，同时也有利于组织精简，从而更好地促进企业成长。

企业应该怎样实施末位淘汰法？激励专家认为，在遵循科学性、客观性及可接受性的基础上，对人才的选、育、用、留做到如下几点，才能让末位淘汰法达到最佳效果。首先，管理者在招聘之初就要尽力做到量才而用，避免一开始就埋下被淘汰的隐患；其次，要与员工共同制定员工发展目标。让员工一进企业，就知道自己在这个企业该做什么，未来的路怎样走，以更好地适应企业，适应工作；再次，建立公平的相对考核机制，惩罚那些表现比较差的员工；最后，管理者不能太过软弱，对于那些连续几次业绩都很差的员工要及时地进行批评，对于那些太自我的员工，管理者可以直接告诉他们企业不是慈善机构，实在出不了业绩就走人。

5. 把外部环境的不利因素导入到公司内部

危机激励在员工内部之间就是和竞争一样的，让员工感觉到其他内部人员会超越自己，那么，员工自己就会想办法还击，超过对手。而外部环境对企业的影响，一般地说员工是看不到的，外部环境变化了，而内部却并不能明显觉察，作为一个出色的管理者就要及时地把外部环境的不利因素导入到公司内部，使上上下下都同时产生危机感，从而都加倍努力地去打败对手。

第六章

内部充满活力才会对外充满战斗力

同样的工作做久了，人就会失去原有的活力。团队没有了激情与活力，就无所谓战斗力。而对外充满战斗力是一个团队在激烈的市场竞争中存活的关键。要激发团队的活力和战斗力，管理者就必须采取一些必要的措施，比如设置有诱惑力的薪水，允许员工自由言论，建立有效的内部竞争机制等。

打造赢销特种兵
做最强的营销战队

在薪水以及提成上形成差距

为什么单位的“能者”最后会变成“庸者”？为什么员工会慢慢失去工作的积极性和主动性？为什么辛辛苦苦培养出来的骨干员工最终会选择弃企业而不顾，纷纷跳槽？为什么业务领导者会包庇劣质的业务同人？造成这些现象的原因或许是多方面的，但有一个很重要的原因我们不可忽视：薪水制度不合理。

薪水制度不合理，多劳者、能劳者得不到应有的回报，少劳者、不劳者得不到相应的惩罚，这势必会破坏企业内的良性竞争，影响员工的激情。时间一长，多劳者、能劳者也变得懒惰，而少劳者、不劳者只会更懒惰，如此，企业的战斗力肯定会被大大削弱。那么，什么样的薪水制度才算合理、有效，才能激发员工的战斗力，促成企业内形成良性竞争局面呢？最好是在薪水上形成一定的差距。

在薪水上形成一定的差距就是要凸显按劳分配、多劳多得的原则。按劳分配、多劳多得，这是社会主义的分配原则。按劳分配、多劳多得的薪水制度有很多优点：员工的收入与其工作的表现将紧密联系在一起，其收入不再是每月固定的数字，员工的工作更有激情，更有动力；按劳分配、多劳多得是一种长效的机制而不是一种短期的行为，把员工与公司的利益关系紧紧联系在一起；尝到甜头员工会更有积极性，更有干劲，其稳定性得到极大增强，人人想争做榜样。

我们知道，一个单位里的“能者”，虽然人数不多，但绝大部分都起着挑大梁、担重担的作用，都能独当一面地开展工作。如果不能让能者多劳也多得，就会让他们有“干多干少一个样，干与不干一个样”的想法，势必会挫伤他们工作的积极性和主动性。这样既不利于“能者”的个人成长，也不利于组织的长远发展。如何才能让“能者”更“能”？很有效的一点就是要让能者多劳也多得。说白了就是要在薪水上下功夫，适当拉开薪水差距，为能者的成长和成才搭建平台、创造条件，让“能者”切实感受到“干多干少就是不一样，干与不干就是不一样”的用人导向，激励更多的人向“能者”看齐，明白“有为才能有位，有为才有薪”的道理，这样才能刺激团队的竞争力。

当然，在薪水上形成一定的差距还是要讲究一定的原则的。我们先从销售业务同人说起，不管是业务员、业务主管、业务经理、业务总监、业务总经理、业务副总裁，在薪水与提成的设计上，都要特别注意几个重要的原则。

1．偏低、偏高原则

即基本的报酬（基本待遇）要偏低，业绩提成（他所能给公司带来的业绩中绩效的奖励）要尽量偏高。很多销售管理者，担心基本待遇太低，就招不到人，其实并非如此。如果一个销售员只盯着基本报酬，却不把眼光放在业绩提成上，那说明这个人对自己的销售能力并不自信，这样的人不招也罢。从这个角度来说，基本报酬偏低并不会给你招人带来多大的困难，它很容易就把你不想要的人过滤了，岂不是省时、省心、省力！

基本报酬可以偏低，但是业绩提成要尽量偏高。薪酬制度直接决定了员工的关注焦点和行为，当你的业绩提成明显高于本地区本行业时，团队的焦点就会自觉地聚焦在业绩上而非基本报酬上，这对激发销售员的战斗力是非常有效的。

2. 越多越高原则

要激励销售员，管理者就要根据其业绩的高低对他们的提成比例进行不同调整。举个简单的例子来说，如果一个业务员做 5 万元的业绩提成 3%；做 10 万元的业绩时，其提成最好是涨一些，为 5%；做到 20 万元的时候，可以给他 7% 的提成；30 万元时可以给他 9% 的提成。试想，如果一个员工当月业绩到了 27. 5 万元，想得到 9% 的提成，他就会想做 30 万元的业绩，当做到了 29. 5 万元的业绩时，一般，这个员工就会要想尽办法，凑够 30 万元，这对员工来说，能不成为一种激励吗？

所以，管理者在薪水激励上，要坚持“越多越高原则”——业绩越多，业绩越高，提成越多；业绩越少，提成就越低。有人说，业绩低的销售员本来业绩就少，再把提成降低了，那他的薪水不就少得可怜了吗，那这样下去，这个销售员还愿意干吗？不错，如果一个销售员每月就做 2 万元的业绩，不是到时候他不想干了，而是他再这样干下去，企业都不让他干了。

当然，有一点需要强调，在薪水以及提成上形成差距是必要，但并不是人与人之间的差距越大越好，这个差距的形成最好按照 20 - 70 - 10 原则来实行。

很多人知道 20/80 原则，在销售方面就是指，公司 80% 的销售任务是由 20% 的销售员完成的，由于多数企业是按照销售收入进行提成，所以销售越多收入越高，再加上公司的政策更多地向 20% 的销售员倾斜，这种 20% 的分配会造成强者恒强的局面，对激励销售员的积极性是不利的。但如果其薪水分配能体现 20 - 70 - 10 原则，也就是说 20% 超额完成任务的人员拿着超高薪水，70% 的人基本完成任务拿的薪水一般，10% 的人没有完成任务拿的薪水较少，那么，此时的激励效果是最有效的。但要知道，有效的激励不应当针对少数人，而应当针对更广泛的人，这样才符合公司的最终利益。所以，在薪水激励政策方面，管理者应当以 70% 的人为目标，而不是以 20% 的人为目标，这样才能形成坚强的战斗力。

再者，一定要有落后的 10%，任何一种激励措施，如果没有最后的 10%，整个团队就会缺乏危机意识，那么激励的效果也会大打折扣，这对激发员工的战斗力是非常不利的。因此最后的 10% 必须保留，在必要的情况下应当强制性保留，比如末尾惩罚制。也就是说，销售员的刺激必须在胡萝卜加大棒的情况下，才能够保证最好的效果。

留下一个缺口给员工

一位著名企业家在作报告，一位听众问："你在事业上取得了巨大的成功，你觉得做到什么最重要？"

企业家并没有直接回答，他拿起粉笔在黑板上画了一个圈，只是没有画完整，留下一个缺口。他反问道："这是什么？"台下的听众七嘴八舌地答道"零""圈""未完成的事业"……他摇摇头："其实，这只是一个未画完整的句号。就像这个不完整的句号，每次我都不会把事情做得很圆满，我一定要留个缺口，让我的下属去填满它——这就是我为什么会取得辉煌业绩的原因。"

留个缺口给员工，让下属去做完它，而不是事事亲力亲为、事必躬亲，这是一种管理的大智慧。给猴子一棵树，让它不停地攀登；给老虎一座山，让它自由纵横——这才是管理的最高境界。

现实生活中，很多管理者总是事无巨细，把大大小小的权力都攥在手里，下属却闲得无聊，而自己累得够呛，这绝不是一个英明的管理者。就像英国证券交易所前主管 N. 古蒂逊所说的："一个累坏了的主管，是一个最差劲的管理者。"一个英明的管理者总是能清醒地认识自己，知道哪怕自己的能力再强也还是有限的，所以必须把一些任务交给下属去做。毕竟一个人只有一双手，即使一天 24 小时都在工作，也不可能什么事情都自己搞定，唯有授权下属才是最正确的道路。

不善于授权是管理者的大忌。事事亲力亲为、事必躬亲，是对员工智慧和能力的扼杀，长此以往，员工就容易形成惰性，甚至把责任全推给领导，更别说员工会自觉工作了。管理者都喜欢自动自发的员工，那么，如何激发员工的主动性呢？很有效的一点就是授权、授权，再授权！

授权意味着承担责任，因为被授权，员工会更加明白自己的责任，从而能从被动的执行者变为积极的创造者。授权也意味着管理者对员工的信任，当一个人被信任的时候，他就会迸发出更多的工作热情和创意。所以，给员工留个缺口，发挥他们的智慧，他们会画得更好。

微软公司成功的一大关键因素就是赋予员工很大的自主权，比尔·盖茨曾经说过："我采取的领导方式就是：放任，不用任何规章去束缚员工，让他们在无拘无束的信任氛围中，发挥每个人的创意和潜能。"在微软，大部分的工作都是由员工自己决定如何去完成。在这样的工作氛围里，微软的员工总能投入极高的热情，并能以极高的工作效率来回报企业对他们的信任。所以，我们建议能授权的事情就尽量授权，千万不要累死自己，闲死员工，这是对员工的不负责。

美国通用电气公司总裁杰克·韦尔奇的一句名言是"管得越少，成效越好"，杰克·韦尔奇把授权看作管理的必需。他说："掐着员工的脖子，是无法将工作热情和自信注入他们心中的。管理者只有松手放开他们，给他们赢得胜利的机会，让他们从自己所扮演的角色中获得自信。”

当然，要做到合理授权，我们还需要注意很多事情，这样才能少走一些弯路，少犯一些错误，才能让授出去的权力真正发挥作用。合理授权，我们要做好以下工作。

1. 制订完整的授权计划

授权是一项重大的决定，因此，对于管理者来说，必须要有完整的授权计划。一般来说，完整的授权计划应该包括以下几个方面的内容：授权的任务是什么；任务所涉及的特性和范围是什么；任务完成的时限要求是什么；授权需要达成的目的是什么；用什么方式或手段来评价工作执行的结果；执行工作所需要的相应权力有哪些等。

2. 选择授权的最佳时机

在制订了授权计划后，管理者接下来要做的就是寻找时机，切入授权，让员工顺其自然地感受到授权的必要，而非生硬地授权。

把握住以下时机可让销售管理者的授权看起来更加顺理成章：

（1）销售管理者正在忙着一项很重要的业务，但频繁被下属的请示打扰。

（2）下属因不敢做出决策，而使公司错过赢利的机会。

（3）公司发生了紧急事务，但管理者却不能分身处理。

（4）因为销售业务扩展，公司成立了新的销售部门、新的销售分公司。

（5）公司销售员大幅度流动，由更年轻的管理者主持团队的工作。

（6）公司要改变过往的决策机制以适应灵活多变的新环境……

3. 对授权内容做出充分解释

管理者要确定员工已经清楚了解了授权的任务、授权的内容以及自己在公司中所扮演的角色，并告知他们在被授权后可能会面临的问题。在向员工清晰地交代授权任务的内容后，管理者应该要求员工复述一遍，以确保员工确实了解了工作内容。

4. 支持措施的详细排定

管理者在授权的过程中，必须要告知员工，当他们有问题时，可以随时向哪些人求助，以做好员工的支持工作。当然，留了缺口，并不等于放下责任，这还需要领导及时跟踪指导，保证授权的有效性。

每一个团队中都有一个共同的、庞大的组织目标，管理者只有通过授权，把共同的组织目标分解成小目标，然后分解到每个人身上，同时将责任过渡给更多的人共同承担，这样大家才能在工作中力往一块聚，劲往一块使，组织内就会产生“九牛爬坡，个个出力”的协作局面。特别是，通过有效授权，销售管理者就可从权力的烦恼中走出来，而被授权的销售员会感受到责任感，会增加工作的自主性，提高自我管理能力，从而获得更快的个人成长。一句话，有效的授权能为企业和团队带来较高的激励效果、高效率的团队和优异的业绩。

打造出团队中的销售精英

比尔·盖茨说过：“大成功靠团队，小成功靠个人。”团队是系统运作的必然产物，团队的成功也必然离不开个人的成功，其中，团队精英的组成尤为重要。

我们都知道，团队精英一般都具有很高的创造力，很会创造工作机会，很有办事能力。他们有极好的工作积极性，可以在工作中找出疑问，并且能够自觉地解决问题。他们能够合理地分配时间去完成工作，提高效率。这样的员工，其工作效率通常是普通员工的几倍，他们一个月的业绩量相当于其他员工的好几倍。管理者要提高团队的整体执行力和业绩，就必须要注重多培养一批精英，这样就会给其他的员工造成一种心理压力，促使其他员工努力、上进，进而提高工作效率，从而提高整个团队的执行力。

作为企业，招聘的大部分都是普通员工，将普通的销售员培养成精英，是企业用人的最高境界。那么，如何能快速将普通员工培养成企业精英？销售管理者可以从以下几个方面入手。

1. 与你的销售员一起工作

这可能是最好的方法，这样，你可以从中发现他们的长处、他们面临的困难以及他们工作中哪些方面出现的问题最多。这会增强你培育人才的针对性。不幸的是，许多销售管理者为了确保一些重要交易的成功，更愿意将大量精力和时间用在与客户的洽谈上，而不是留心观察自己下属的表现，这虽然为自己的下属起到很好的示范作用，但对于打造精英销售员帮助不大。因此，在培养精英时，销售管理者应试着从交易中摆脱出来，将观察销售员的表现放在首位。

2. 注重员工的职业生涯设计

团队的进步离不开员工的进步，作为管理者，不仅要确定组织目标，也要协助销售员完成人生职业规划，如从简单工作向复杂工作过渡，基础知识及专业技能的提高，工作待遇的提升，从低级岗位或职务向高级岗位升迁以及自身价值的实现等。

3. 鼓励学习，重视培训

管理者平时应根据岗位要求和销售员的实际情况，给他们提供适当的培训机会，并鼓励员工学习与销售工作相关的技能和知识，使他们始终站在本行业专业知识的最前面，能更好地为工作服务、为顾客服务。

4. 设置有效的竞争机制

一个企业要在同行业中具有竞争力，必须创建并完善企业内部的竞争机制，给所有员工创造一个良好的发展空间。通过企业内部竞争机制可淘汰一些业务素质和意识跟不上公司发展需要的员工，可晋升一些业绩优秀的销售员，使员工做到能上能下，从而使企业始终拥有一支优秀的员工队伍，避免员工产生惰性。这样，企业在可持续发展的历程上才能在同行业处于优势地位。

5. 给销售员压担子

一个人的潜能需要不断强化，一般来说，管理者不断给销售员压担子，可以不断强化他的潜能。

联想集团的副总裁兼联想电脑公司总经理杨元庆，毕业后应聘来到联想集团。作为一个硕士研究生，他从推销员干起，并且一干就是两年。这份工作，并不是他感兴趣的，然而，正是这份工作极好地锻炼了他的管理才能。1993 年，国内计算机界经历着有史以来最严重的危机，就是在这样的背景下，杨元庆被任命为 PC（个人电脑）部总经理。那时候不到30岁的杨元庆，从来没有PC经验，突然要接手一个急待起死回生的部门，肩上的压力可想而知。可是，正是这巨大的工作压力变成了强化杨元庆潜能的一种有效方法。面对重重困难和巨大压力，杨元庆的种种潜能在强度攻击下，逐步被开发出来。他十分敏锐地发现了PC部管理存在的一系列问题，针对问题，杨元庆开始出招。1996年，PC部在杨元庆的领导下在国内名列第一，一举打破国内PC市场多年来被国外品牌霸居第一的局面。伴随着一系列压担子计划，杨元庆在此后几年就当上了联想集团的副总裁。

可见，赋予员工一定的重担，员工的能量就能以意想不到的奇迹释放出来。所以，当团队内有高难度的销售任务时，管理者不妨大胆给予员工，这对激发他们的潜能是非常有效的。

当然，还有很重要的一点就是要打造销售精英，管理者必须要有足够的耐心。一个新人，成长为一个成熟的人才，大概需要3~6个月的时间，因此管理者应该有足够的耐心。在很多团队中，经常存在这种现象：刚开始的时候，管理者还很热心，可过了一段时间，当发现新人出现各种各样的问题时，管理者的心理就开始失去了平衡，没了耐心，继而找各种各样的理由，对员工不管不问了，结果直接导致销售员工作情绪不高。所以，要打造销售精英，管理者一定要有足够的耐心。

鼓励创新，允许开放式讨论

影响一个企业的管理的因素是多种多样的，要应对这些不断变化的因素，企业就必须不断创新，“变则通、通则久”，否则企业就不能长久发展。“现代管理之父”彼得·德鲁克曾大胆宣言：“企业只有两项基本职能，那就是创新和营销。创新不仅仅包括技术创新，还包括产品创新、服务创新和商业模式创新等。创新对于一个企业的意义，怎么强调都不算过分。”乔布斯说：“领袖和跟风者的区别就在于创新。”创新确实非常重要！没有创新，企业就没有独一无二的追求，这样的企业不可能走太远。相反，如果一个企业具备了不断创新的能力，就能不断为企业注入新的活力，甚至在一个领域内独占鳌头。

当然，要做到创新，我们需要做出很多改变和努力，有一点是重中之重，那就是要创新，企业的管理者就必须广开言论，允许员工进行开放式的讨论。正如爱因斯坦所说：“科学进步的先决条件是不受限制地交换一切结果和意见的可能性——在一切脑力劳动领域里的言论自由和教学自由。”美国最高法院大法官荷姆斯也曾通过一个判决对保障言论自由有一个经典的立论：保障言论自由是发现真理的根本。

有人说，从一个组织的言论自由度可以知道这个组织的宽容程度。而一个组织的宽容程度对这个组织内的创新、思想活跃程度有着非常深刻的影响。这话揭示了言论与思想自由在创新发展方面具有重要的价值和意义。创新需要思想解放，思想解放的载体是保障言论自由，这是一个组织发展的重要动力，也是激活团队的要素。下面的案例就说明了这一点。

濒临倒闭的美国钢铁厂能够起死回生，就源于他们将死气沉沉的“一言堂”会议开成了激发大家群策群力的脑力激荡会议。直到现在，美国钢铁公司还保持允许员工进行开放式讨论的优良企业作风。

在那时，美国钢铁厂是美国一家面临倒闭的钢铁厂，在花费了巨大的财力、人力、物力，频繁更换了几任总经理后，对于走向破产的钢铁厂大家已经一筹莫展，唯一能做的事情就是等着工厂宣布破产清算，员工的士气别提有多低落了。尽管新到任的总经理也拿不出什么好办法，但他却在几次员工会议上发现了一个现象，每次公司公布制度时，管理者说什么就是什么，大家似乎都不愿意提出反对意见，会议总是死气沉沉的。因此，这位总经理果断做出了一个决定：以后会议，不分层级，每个人都有平等发言的权利，如果发现问题，谁提出解决方案并且没有人能够驳倒他，他就是这个方案项目的负责人，公司就给予他相应的权限和奖励。

新制度出台后，以往静悄悄的会议逐渐出现了踊跃发言的热烈场面，大家争相对别人的提案进行反驳，有时候争论得面红耳赤，但不管是同意还是反对，在走出会议室前，都会达成一个解决问题的共识，大家都要按照达成的共识去做。过了一段时间，这家钢铁厂出现了奇迹，竟然逐步走出了困境，起死回生，甚至在几年后进入了美国最优秀的四大钢铁厂之列。

由此可见，允许开放式讨论对一个团队的重要性。利用集体的智慧，通过互相交流、启发和激励可以产生新思想，能带来无限的智慧和灵感。所谓石击产生火花，水击产生涟漪。智慧与智慧的碰撞，会引发新的智慧；思想与思想的碰撞，会激发新的思想。

中国社会科学院荣誉学部委员资中筠说过：“思想、言论自由更深层次的意义是，有助于造就善于独立思考、心胸坦荡、富于正义感、诚实勇敢的高素质国民。一个众声喧哗的社会当然比‘万马齐喑’的社会有活力。一国的国民如果长期思想禁锢，从小就培养察言观色，按一定‘口径’发表言论，不敢讲真话，甚至已经不知独立见解为何物，长此以往，民族精神只能不断萎缩，靠虚骄的豪言壮语、煽动性的狭隘民族主义是振兴不起来的。这样的精神状态而求其堪与世界竞争的创新能力，或出现世界级思想和学术‘大师’，无乃缘木求鱼乎?”因此，要想打造充满活力和充满创新力的团队，保持员工的言论自由，允许开放式的讨论是相当重要的。

总之，开放式的讨论能扫除思维的种种障碍，展现柳暗花明的新希望。当然，开放式讨论执行并不是无原则无要求的，要确保在讨论中取得成效，管理者要做到以下几点。

1. 确保畅谈自由

参加者要放松思想，不应受任何条条框框的限制，让其思维自由发挥。管理者要允许参与者从不同角度、不同层次、不同方位展开全面想象，尽可能地与众不同，标新立异，尽可能提出独创性的想法。

2. 可以指正但不要批评

允许开放式的讨论应该遵循的一个重要原则就是禁止批评。因为批评对创造性思维会产生抑制作用，所以，参加会议的每个人不得对别人的设想发起批评，如果有意见可以以平和的态度加以指正。

3. 追求数量

追求数量是开放式讨论的首要任务，开放式讨论的目的就是获得尽可能多的设想。不要一味关注质量问题，参加会议的每个人都要抓紧时间多提设想，多思考。在某种意义上，设想的质量和数量密切相关，产生的设想越多，其中的创造性设想就可能越多。

4. 改善创意

就是说会议要鼓励与会者思考别人的创意，在别人的基础上发展和提炼出新的创意。即要求参与者要从别人的创意中得到启发而想出更好的创意。

5. 保证成员的知情权

“全员参与”必须建立在知情的基础上。所以，管理者要尽量保证信息的公开性，让全员对讨论的项目有全面地了解。

俗话说“三个臭皮匠，顶个诸葛亮”。一个人的智慧不够用，多个人的智慧用不完。允许开放式讨论所带来的集体智慧是无穷尽的，集体的大脑是思想库、智慧库。在生活中，我们难免会遇到难题，遇到了难题，陷入了困境，不妨用集体的智慧来点燃创造的火焰，让诸多聪明的头脑在撞击中迸发灵感的火花。

将晨会形成日常习惯

晨会一般是在区域市场召开，由区域主管和经理参加，如果公司中高层在区域市场巡视，也可能参加晨会。在很多公司和销售组织中，都会有召开晨会的习惯。其召开晨会的目的一般有：传递信息、激励员工、鼓舞士气。如果晨会召开得好，完全可以起到激励员工的作用。应该说有效的晨会是一种非常好的管理和沟通手段。但现实情况是，很多公司视晨会为“鸡肋”“食之无味，弃之可惜”。为什么会出现这样一种情况？或许下面的情景能够告诉我们原因。

情景一：销售主管匆匆走进会议室，将今天的销售任务布置一下，就宣布会议结束，完全将晨会变成了布置会。

情景二：销售管理者一个人侃侃而谈，大说特说下一步的行动，而销售员在会上昏昏入睡，根本就没有听见。一看表，两个小时已经过去，晨会变成了“大长会”。

情景三：销售经理怒气冲冲地走进会议室，一坐下就开始对销售员在工作过程中的一些做法表示不满，批评当月的销售业绩不佳，并当面质问某些销售员为什么业绩这么差，弄得销售员下不了台，晨会变成了“批评会”。

以上情景或许是在晨会中经常遇到的，这也就不难理解为什么很多组织视晨会为“鸡肋”。那么该如何召开晨会呢？要开好晨会，就要坚持以下几个原则。

1. 少批评，多表扬

对于多数人来说，上午是一天中最有精力也是最有干劲的一段时间，领导不应该一大清早就给销售员“泼冷水”，使销售员情绪低落，影响销售员一天的工作积极性，而应该利用这段美好时光多给团队鼓舞士气，调动大家工作的热情和积极性，使销售员找到工作激情，感受到团队的氛围，最终做出业绩。

2. 少解决问题，多沟通问题

晨会不应该是一个解决问题的地方，而应是一个沟通问题的地方，因为很多销售员的销售问题是个性问题。领导者如果在会上就加以解决，会造成其他销售员时间的浪费，要想解决问题，管理者应该在会后逐个协助销售员解决。

3. 少打断，多倾听

销售员在销售过程中会遇到各种问题，难免会抱怨一番，难免会有情绪，当销售员在会上大吐苦水时，领导者不应该粗暴地打断他的讲话，这会让销售员感觉没有受到应有的尊重。领导者要做的就是认真倾听，等员工倾诉完后，再帮着员工解决问题。

在了解了晨会的原则后，管理者要开好晨会，还要掌握具体有效的做法，那么，我们如何开好晨会呢？

首先是会议的负责人要做好会前的准备工作。很多人把晨会当成是一件很简单的事情来做，认为晨会并不需要什么准备，只要随机发言即可，如果是这样，那就大错特错了。兵家素来有“不打无准备之仗”的说法，晨会当然也需要充分的准备。晨会的准备时间建议在20分钟左右，准备的内容是本次晨会的主要流程、主要任务、达成任务的措施等。

其次是固定晨会时长。晨会会议要有固定的时长，这样可以培养销售员的时间观念，更重要的是可以培养销售员的执行力。科学研究表明：一个人的注意力一般是在半小时左右，所以，晨会的时长最好是控制在45分钟之内，这样既能保证大家集中注意力开会，又可节省出更多的时间让销售员处理工作。

再次是晨会的形式。说到这里，可能很多人又会说“又搞形式主义”，虽然形式主义不受大家的欢迎，可是，在团队建设中形式起着重要的作用。晨会的形式主要是指团队激励的形式，如晨会的口号、晨会的仪式等。晨会也是潜移默化地向销售员传递公司的企业文化、团队文化的一种有效手段，如果采取一定的形式，这种潜移默化的效果会更有效。

最后是晨会的内容。晨会的内容主要是“总结过去，把握今天，展望未来”，在晨会上，要总结出昨天工作的收获和不足，要安排好今天的任务和达成的目标，更要计划好明天的工作内容。在这个过程中，管理者应该对销售员的工作做出相应的表扬和鼓励，并在会议安排的各项任务中，明确各项任务完成的时间节点，保证销售工作能有条不紊地向前推进。

总之，晨会不要搞成一言堂，也不要大家说完问题就散了，要分析问题，找到解决问题的办法。如果当场不能解决，要记录下来，向上级汇报，并将结果在下次会议上通报，这样才能真正发挥晨会的作用。

设置有效的内部竞争机制

企业的内部环境影响和制约着企业的经济效益，也就决定着企业在市场中的竞争力。既然企业的内部环境对企业效益有着如此重要的影响，那么在我们提高企业的市场竞争力，增加效益时就不得不考虑企业内部环境中一种重要的关系——竞争关系。

竞争是工作中不可忽视的一种重要关系，对我们的生活有着巨大的影响，从事物发展的客观规律看，优胜劣汰是竞争的必然结果，是事物发展的客观规律。从人的惰性和动力成因看，人有勤奋的一面，但这种勤奋是在与自然和他人的竞争中形成的危机感而激发出来的。没有压力，没有危机感和竞争意识，不少人就会得过且过，不求进取，惰性越来越严重。企业是由人组成的，人变懒了，企业也就会慢慢地走向衰落。而强化内部竞争机制，可以提升参与者的警觉度，增加其压迫感，从而推动企业的发展。

当前，很多企业内员工的办事效率不高、业绩低下，员工懒散松懈，造成这一局面的原因有很多，但也不乏是缺乏竞争的结果。鉴于此，管理者就必须将竞争机制引入管理中，在充满竞争的环境下，更利于激发员工的士气。

当然，竞争中有一个务必要注意的问题，那就是竞争规则的公正性。

竞争中任何一点不公正都会使竞争的光环消失，如同一场裁判偏袒一方的足球赛。如竞选某一职位，员工知道领导早已内定，还会对竞选感兴趣吗？如进行销售比赛，对完不成任务的员工也给奖，能不挫伤先进员工的积极性吗？失去了公正，竞争就失去了意义，只有公正才能达到竞争的目的。

那么，我们可以通过哪些方式来构建团队内部的竞争机制呢？

1. 建立岗位竞争机制，上岗凭竞争

在一个管理制度健全的企业中，所有升迁都是凭借个人努力得来的。想摧毁一个组织的士气，最好的方式就是制造“只有玩手段才能获得晋升”的工作气氛。管理完善的公司升迁渠道通畅，有实力的人都有公平竞争的机会，只有这样，员工才会觉得自己是公司的主人，才会觉得自己与公司完全是一体的，才会促成一个活力四射、团结向上充满激情的集体。

建立起公平竞争的上岗机制，是企业加强管理、促进发展的手段。为此，笔者认为，应树立“以人为本”的管理理念。通过竞聘上岗，有上有下，建立公平竞争上岗机制，目的是为企业寻找优秀的管理者与员工。因此，在企业管理过程中，始终要树立“以人为本”的理念，尊重知识，尊重人才。因此，必须破“用人唯亲”歪气，树“用人唯才”正气，建立公平竞争的上岗机制。

2. 设计追求卓越的文化制度

企业应该鼓励成员能够以不断突破自己为荣；通过绩效考核的手段去激发团队成员不断创新。比如，引入平衡积分卡考核方式，不仅关注于员工的短期绩效水平，更着眼于员工因创新带来的长期效益。

3. 适度引入外部新鲜血液，刺激团队内部的竞争氛围

企业内部的晋升制度有利于激发成员的晋升斗志，但对于一些企业而言，这种“近亲繁殖”的方式可能会导致企业内部处于一种文化停滞的状态，这个时候，如果能适时引入一些空降兵，就非常有利于企业内部的活力激发。

4. 建立有效的末位淘汰机制

末位淘汰制是组织为满足竞争的需要，通过科学的评价手段，对员工进行合理排序，并在一定的范围内实行罚劣奖优，对排名在后面的员工，以一定的比例予以调岗、降职、降薪或辞退的行为。其目的是促进在岗者激发工作潜力，为企业获得竞争力。

当然，有一点需要明确，竞争、淘汰是必需的，但淘汰周期应主要依据企业人力资源的水平而定。末位淘汰的目标是优化人力资源的结构，推动员工业绩与素质的提升。当目标已经达到的时候，末位淘汰制的应用就应该停止。无止境地推行，只会让员工在企业里毫无归属感可言。

5. 适度放权

在企业管理权限中，适度放权是企业增加员工的自主意识和保持活力的有效方式。适度放权能够有效地提高员工的满意度和创新精神，实现员工从被动管理到自我管理的主动管理。但授权管理的最大缺陷是对员工的自我管理意识和工作主动性要求比较高，因此在放权时应强化对员工自我管理能力的培训，同时建立内部竞争机制，激发内部适度的冲突和良性竞争氛围，通过冲突来激发员工的工作斗志和激情。

除此以外，在竞争的形式上，管理者也要力求多种多样，例如，进行

各种竞赛，如销售竞赛、服务竞赛、技术竞赛等；公开招投标进行各种职位竞选；用几组人员研究相同的课题，看谁的解决方式最好；等等。还有些隐形的竞争，如定期公布员工工作成绩、定期评选先进分子等，管理者可以根据本团队的具体情况，不断推出新的竞争方法。

但不可否认，管理者无论如何确保竞争规则的公正性，也不能彻底控制员工本人不出问题。制度规则再合理，也难免有人不遵守。所以，在竞争中，问题又出现了——凡是竞争激烈的地方，经常发生不正当竞争。如不再对同事的工作给予支持，背后互相攻击、互相拆台；封锁消息、技术、资料；在任何事情上都成为水火不相容的“我们和你们”；采取损害公司整体利益的方法竞争；等等。这些竞争势必破坏团队精神。企业的成功依赖于全体员工的团结、目标一致，而不正当的竞争足以毫不含糊地毁掉一个组织。

为了避免不正当竞争的弊端，企业的高层管理者必须要采取适当措施：一是要进行团队精神塑造，让大家明白竞争的目标是团队的发展，而“内耗”根本不是竞争的目标；二是树立一个附有奖励的共同目标，告诉大家只有团结合作才能达到；三是对竞争的内容和形式进行改革，剔除能直接影响对方利益、产生彼此对抗的竞争项目；四是创造或找出一个共同的威胁或“敌人”，如另一家同行业的公司，以此转移员工间的对抗情绪；等等。

有竞争才有压力，有压力才会有进步的动力，在企业内部，如何通过完善企业制度等手段减少恶性、无序竞争对企业造成的消极影响，引导员工之间的良性竞争，营造公平、公开、合理的竞争环境，以达到激励员工，提高工作效率，增加企业效益的目的是我们分析企业内部环境的一个重要工作。

第七章 铁腕管理才能良性运行

想打造一个高效率、高业绩的团队，创造更多效益，只靠柔性管理是不行的，在一些不可妥协的因素面前，从严治理团队是一个提高业绩和效益的重要前提条件。离开了严格的管理来谈人性化，那么，团队的管理就会失去方向和目的，在很多时候，只有运用“硬”管理的方式，才能激发下属的热情，使其自动自发工作。

打造赢销特种兵
做最强的营销战队

要业绩不要理由

作为企业来说，业绩的重要性，的确不言而喻，不管是生存问题还是发展问题都需要业绩来支撑。你的薪水从哪里来，老板为什么付给你薪水？没有业绩，公司就没有利润，员工不可能获取丰厚的薪水。只有公司有了利润，员工才可能获得较好的回报。所以，从某种意义上来说，为公司赚钱就是为自己加薪。所以，无论从事哪一行，你都必须用良好的业绩证明你是公司珍贵的资产，证明你可以帮助公司赚钱。谁为公司创造的业绩多，谁的薪水就高。比尔·盖茨说："能为公司赚钱的人，才是公司最需要的人。"

企业要的永远是业绩，而不是过程。而有效的管理也必须遵循一个很重要的原则，那就是——业绩导向。实际上，管理的真正意义就在于达成结果，做出业绩。因此，有效的管理者从来都只问业绩，而不过多地计较过程。

当一个企业由上而下地将业绩导向当成是工作理念和原则时，我们常常可以看到，这样的公司会是一个极有效率的公司。很多名不见经传的公司能在极短的时间内发展成实力强大的公司，一定有一个重要的原因：把业绩导向这一原则作为企业管理原则的第一条，并且是最重要的一条。事实上，那些真正能够长盛不衰的公司都有极强的业绩导向原则，因为他们知道市场在任何条件下都不会同情弱者，市场也不会因为某一个人的努力而给予特别的恩惠，市场唯一相信的就是业绩，检验一个企业能否生存的唯一标准就是业绩。如果想让你的企业、团队保持良好的运行，管理者就必须要以业绩为导向，检验自己的销售员。

任何一个企业都是以业绩论成败的，销售行业更是一个以业绩论成败的行业，销售员是企业战争中第一线的战斗人员，全力以赴地去争取优秀的业绩才是企业得以生存的保障，才能让自己成长为企业青睐的优秀员工。可现实的销售中，很多人却总是业绩平平。造成这些销售员业绩低迷的原因很多，但从主观角度看，业绩不佳的销售员肯定有一个通病：抱怨特多，借口重重！

业绩不佳的销售员，抱怨特别多，他们常常把失败的原因归结到客观方面，如条件、销售对象、竞争对手、市场环境等，而从没有从主观方面检讨过自己对失败应承担的责任的习惯。他们常常提到的抱怨、借口如下：

“全是因为公司的政策不对。”

“我们的产品、质量、交易条件都不如竞争对手，根本没法竞争。”

“其他厂家的价格比我们的更低。”

“顾客根本就不识货。”

……

于是，这样看来，销售做不出业绩也就成了理所应当。但是这些销售员根本就不知道，销售最大的敌人不是对手，不是价格太高，不是你的客户拒绝你，不是公司制度，不是产品不好，最大的敌人是：你的抱怨！你的借口！

什么是借口？简单地解释，借口就是当出现问题时，当事人的第一想法是想办法推卸责任，尽量把自己和问题撇清关系，而不是从自身找原因。一个人一旦养成了“借口思维”，就等于染上了难以驱除的顽疾。借口思维方式带来的直接后果就是一事无成。乔治·华盛顿·卡佛说："99%的人之所以做事失败，是因为他们有找借口的恶习。"

不断找借口的人是可悲的。试想，有哪一个企业敢用一个总是寻找借口推卸责任的员工，更别说给这种人晋升和重用的机会。要知道，任何管理者只喜欢那些不找借口只要结果的员工。

名牌大学毕业的李军，学的是营销专业，被深圳一家很知名的外贸公司录用了。在别人看来，能被这家外贸公司录用，那是非常有前途的。但是，李军有一个很不好的毛病，就是遇到任何困难总是喜欢找借口来推卸自己的责任。对此，领导也找他谈了好几回，但李军却始终不改。

有一次，销售部特别忙，突然上级接到通知，说有一位潜在的大客户要来深圳，要销售部派人前去联系洽谈，当然，其他公司的销售员也都赶来见这位客户。适逢所有的销售员都出去谈业务冲业绩了，办公室只有李军在，没办法，领导只有派他独自前往。没多久他就回来了，领导问他谈的情况怎么样，他却说："路上简直是太堵了，等我赶到时，那位客户已经走了。"

领导很生气："堵车你就不知道想别的办法吗？为什么其他公司的销售员能赶到？为什么别人能把客户拿下？"

李军急得红着脸争辩道："路上交通真的是很堵，再说我对那里又不是特别熟悉，身上还背着这么重的展示产品，最重要的是任务太急，哪有充足的时间准备，就是见到了客户，也不一定能说服客户……"

李军这一辩驳，领导心里更气了，狠狠地说道："既然你总是这样，那你另谋高就吧，我不想看到一个完不成任务，业绩总是平平甚至不合格还满嘴借口的员工。”

有一位成功人士说过：“一流的人找方法，末流的人找借口。找方法的人，是最有前途的人；找借口的人，是最没有发展前景的人!”洛克菲勒在给儿子的信中说：“在我看来借口是一种思想病，而染有这种严重病症的人，无一例外的都是失败者，当然一般人也有一些轻微的症状。但是，一个人越是成功，越不会找借口，处处亨通的人，与那些没有什么作为的人之间最大的差异，就在于借口。”

洛克菲勒还说过：“只要稍加留意你就会发现，那些没有任何作为，也不曾计划要有番作为的人，经常会有一箩筐的理由来解释：为什么他没有做到，为什么他不做，为什么他不能做，为什么他不是那样的。失败者为自己料理‘后事’的第一个举动，就是为自己的失败找出各种理由。借口把绝大多数的人挡在了成功的大门之外，99%的失败都是因为人们惯于找寻借口。所以在追求事业成功的过程中，最重要的一个步骤即为：防止自己找借口。”

借口是成功的障碍，是业绩的绊脚石，优秀的管理者看到的应该永远是结果，要求的也是结果，这是不可动摇的工作大方向。对于满口都是理由而不努力的销售员，管理者需要以铁腕手段严肃制止，而不能任由其把抱怨情绪传染给其他成员，这样才能在团队内营造起没有结果就不罢休，绝对不为结果找理由的氛围。

剔除那些“烂苹果”式的销售员

管理学中有一个有关“烂苹果”的理论，其意思是：当你打开一箱又大又香的苹果时，也许你不会对其中一个苹果上的小黑点在意，你就把箱子合上了；当你第二次再打开时，也许你发现了那个小黑点变大了，但是你还是没有很在意；几天过后，当你再次打开箱子时，你就会闻到一股难闻的味道，发现最开始有黑点的那个苹果早就烂得不能看了，而其他的苹果也都烂了大半。

在工作中，这箱苹果就好比是我们的团队，苹果就是团队中的每一个成员，那个小黑点就是某个人身上的一个毛病——可能是慵懒、抱怨、推卸责任。如果管理者在最初发现这个问题的时候能及时指出，并帮员工纠正这个错误或缺点，那这个人可以改正，可以保住。就像苹果挖掉一个小黑点，但大部分还是能吃的，还是好的。但如果管理者对这个小问题视而不见，一味地宽容下去，也许这个人最终会和苹果一样，全部烂掉。不仅如此，这个人的慵懒、抱怨、推卸责任的习惯和态度，伴随着时间的流逝，还会传染给整个团队，很快整个团队的效率和氛围都会受到影响，甚至最终整个团队都“烂”掉。

所以，作为一个管理者，必须要重视团队中的“烂苹果”式的员工，有必要的时候，就剔除团队里面的“烂苹果”。要知道，如果管理者一味地对慵懒、抱怨、不负责任的员工给予宽容而不加纠正，时间久了，整个团队都会陷入慵懒、抱怨、不负责任的氛围，此时，工作效率肯定会变得低下，随之而来的是效益提不上去，接着员工的挫折感就会产生，最终整个团队只能出现散、乱、差的局面。

一位资历很老的销售员工上班经常迟到，并且这位老员工业绩总是平平。在初期，因为碍于面子，主管常常给这个人一些暗示，希望他改正一下自己的坏习惯，但一直没起什么作用。后来，经理得知了这一情况，他提醒这个销售主管：“你必须找他认真谈谈，该批评的时候就给他严厉批评，如果实在不奏效，我劝你让其走人。”

主管按老板的指示找到这个员工谈话，但真正到了谈话时，主管又碍于面子，不好意思批评了，绕来绕去讲了一大堆，可就是没有给予这个员工直接、严肃的批评。因为大家在私下都是好朋友，主管实在开不了口。这次谈话之后，主管开始慢慢觉察到，部门的整个氛围在发生着变化：一些平时表现不错的员工，甚至开始效仿这个老员工，也开始迟到。当主管找到他们谈话时，他们的回答令主管哭笑不得：“那个老销售员迟到早退，做事不认真，你根本就没说什么啊，我迟到这么几次，你凭什么指责我，你这不是明显的偏袒吗?”这岂不就像俗话说的“一颗老鼠屎坏了一锅粥”，在这样的工作氛围中，员工的整体执行力怎会不下降?

对于这类问题，管理者正确的做法应该是及时给予指正或严肃批评，而不是因为人情或者是面子而回避问题。严师才能出高徒，管理不光是宽容，更应该是“严肃的爱”。管理者对下属合理的批评，不是对下属的刁难，而是一种真诚的帮助，是一个员工不断成长、不断变得优秀的必要条件。更何况这种坏情绪、坏做法、坏态度具有传染性，会破坏掉整个团队！所以，管理者更应该以严肃的方式对待那些“烂苹果”式的销售员。要知道，当我们谈论到原因的时候，没有人会说：这个领导很好，对大家很宽容。大家只会说：这个领导真无能，管理不好团队，最终导致大家失败。

无独有偶，在管理中还有一个“酒水理论”，意思是说：如果把一汤匙酒倒进一桶污水中，你得到的是一桶污水；如果把一汤匙污水倒进一桶酒中，你得到的还是一桶污水。换言之，如果在一个高效的部门里，混进几个“烂苹果”，时间一长，整个部门都会有溃烂的危险。在任何时候，

“烂苹果”式的员工基本上不会为团队带来成果和业绩，相反，他们只会拖团队的后腿，将事情弄得更加糟糕，他们就是团队中的害群之马。作为管理者，遇到这样的情况，若想保持团队的高效，必须以严格的方式对待，必要时就将其清除掉。

杰克·韦尔奇对待“烂苹果”式的员工有一个非常严格的处理程序。他提出了一个针对“烂苹果”式员工的“活力曲线”理论，活力曲线亦称末位淘汰法则——10%淘汰率法则，指通过竞争淘汰来发挥人的极限能力，韦尔奇所推崇的“活力曲线”，被认为是给通用带来无限活力的法宝之一。

严格按照“活力曲线”理论行事，每年每一家通用电气公司的高管都被要求将他们团队的人员分类排序，其目的就是强迫公司的领导对他们的团队成员进行有效区分。他们必须区分出在他们的组织中，哪些人是属于最好的20%（A类员工），哪些人是属于中间的70%（B类员工），哪些人是属于最差的10%（C类员工）。如果管理团队有四个组共40个人，那么公司就要求知道，20%最好的8个和10%最差的4个都是谁。表现最差的员工通常都必须走人。

根据具体的划分标准，A类员工是激情满怀、勇于负责的一批员工，他们不仅自身充满活力，而且有能力带动自己周围的人提高企业的生产效率。是否拥有这种激情，是A类员工与B类员工的最大区别。C类员工则是不但自己胜任不了工作，还影响打击别人，作为管理者，韦尔奇要求绝对不能在C类员工身上浪费时间，要坚决剔除。

很多管理者会认为，剔除落后的10%的员工是一种残酷的行径。但事实恰恰与此相反。那些业绩非常平庸的员工对于优秀的团队是一种伤害，而对于其本身也并没有什么好处，因为让一个人待在一个他不能成长和进步的环境里，那不是帮助，而是“伤害”，这对任何一方都没有好处。所以，当你的团队中出现“烂苹果”式的员工，在给予一定的警告或者教育，但仍不起作用时，管理者就要毫不犹豫地将其清除掉，这样做你会发现不仅团队面貌发生了积极可喜的变化，而且业绩也会大幅提升。

定时给销售员合理施压

铁人王进喜有句名言常常被大家引用，即“人没压力轻飘飘，井没压力不喷油”。压力，在很多时候是必要的。对团队、个人来说都一样，无论是好过的日子，还是难熬的时期，都不应该缺失压力。《士兵突击》里有一句台词：人不能太舒服，太舒服了会出问题。言外之意就是人不能没有压力！没有压力就没有动力，压力使我们不敢停下前进的脚步，压力使我们时时奋进，压力使我们实现目标时不敢懈怠，压力使我们获得成就时能够再接再厉。世界潜能激励大师、世界第一成功导师、世界第一潜能开发大师安东尼·罗宾说：“一个人潜能的开发必须在重压下才能更快实现。”足可见压力的重要意义。同样，销售员作为企业战争中第一线的战斗部队，更应该定时施予压力，保证其取得优秀的业绩。

那么，我们如何给员工合理地施压？

1. 对其进行合理的绩效考核

现代管理学的研究表明，如果企业内部的员工长期处于一种缺乏奋斗目标的工作环境中，整天无所事事，没有一整套行之有效的绩效考核指标对其加以约束和鞭策，那么这些员工必然会在庸庸碌碌的日常工作中变得懒散，缺乏进取心，甚至对工作产生抵触情绪。

一般来说，销售员的压力最具体的表现就是来源于他的绩效指标。而这个指标确立得是否科学，直接决定能否使其真正形成压力。指标过低，销售员缺乏动力，达不到刺激的目的；绩效指标过高，破坏员工的信心，还是起不到激励作用。理想的状况是，设定指标的管理者能够深入市场实际，在占有大量第一手资料的情况下，制定出一个必须经过艰苦努力但最终可以实现的目标。

2. 任务的完成都要有日期限定

管理者在布置一项工作时，虽然对这件事会听取员工的意见，但是作为管理者，应该事先对工作完成的日期做出估计，做到心里有数。一般来说，如果让员工自己来定期限，员工肯定会故意将完成日期定晚一些，管理者可以参考员工的意见，但不妨加上这样一句“无论怎么计算，这项工作总不会超过×天，除非是人为因素，但是我知道你不会令我失望的”。尤其是遇到一些态度不认真的员工，管理者更要强调：“这项工作必须在×日之前完成。”以此，让员工自己给自己加压，把工作做好。

3. 突出强调工作的得失

以利益衡量得失，是一种颇有效的压力政策。强调得失，等于强调事情的重要性。管理者与员工研究一项工作时，其中一部分时间应该用在谈论得失上，此举也会给员工一定程度的压力。当然，如果管理者得失强调不到位，就可能会引起员工的反感，他们就会觉得是管理者在虚张声势，甚至，他们会觉得这些得失和自己没多少关系，因此，管理者在强调工作的利弊得失时一定要和员工本人的得失结合起来。比如你说：“如果这件事做好了，我们的团队就能得第一；如果失败的话，我们的团队就会被人看不起。”这样的得与失，对员工有效吗？当然没有！团队第一与否对员工来说根本没那么重要！

可是，如果你这样说："如果这件事做好了，你将有一笔很大的奖金，并且这笔奖金很可能下个月就发给你；如果失败的话，我们年底的奖金计划就会泡汤，要知道，我们每个人的年底奖金可是2万元哦。"把员工自身的得失强调出来，那么，有责任感的员工不需要管理者明白地指出来他该怎样做，他们自己就会给自己施加压力，将事情做好。

4. 不断给予鞭策

不要指望你的每一个员工都能自动自发，多数员工其实都属于被动型，一切看管理者的指令和态度行事。管理者若依赖他们自由发挥，不加督促，对公司、对管理者本身和员工，均有害无益。所以，对于销售员的工作，管理者要时刻给予口头上的鞭策和行动上的配合，管理者要时刻询问员工需要哪些工作上的帮助，这样不仅显示你对他们的关心，还能在无形中督促员工加快工作，提高工作效率。当然，管理者要记住的是，要询问员工需要哪些工作上的帮助，而不是工作进度，因为你已托付给员工的工作，不能时刻直接询问员工工作的进度，否则，就会让他们有一种被监视的感觉。

对于一些自制性和自律性较差的员工，管理者必须不断地给他们安排新任务，引导他们订立新计划，执行管理者的新命令，并在同事的帮助下，齐心协力把工作做好。

当然，不管你以何种手段给员工施压，都要把握好"度"。毕竟一个人的承受能力是有限的，如果承受的压力太重，迟早有一天会被压垮。所以，对管理者来说，如何把握好"加压"与"减压"之间的平衡关系是一个值得深入研究的问题。管理者可以通过适当的加压方式激发员工的工作潜能，但随之带来的身体压力和精神压力不可忽视，如果管理者不对员工合理地进行压力疏导，帮助其释放压力，员工很有可能真的会被"逼疯"。

一切按着事先所说的目标与计划行事

彼德·杜拉克在其著作《有效的管理者》中说：“一个人的有效性，与他的智力、想象力与知识几乎没有太大的关系。智力、想象力及知识，都是我们的重要资源，唯有‘有效性’才能将这些资源转化为成果。有效的管理者的共同特征是：具有做正确的事情的能力。有效性是一种习惯，必须靠学习才能获得。”他进一步强调，有效的管理过程就是管理者始终在做正确的事——制定正确的目标和计划，并按照计划行事，这是提高管理有效性的“两只手”。

在这里，我们不难看出，德鲁克所强调的有效管理包括两层含义：一是管理者要制定正确的目标；二是要按照计划行事——这“两只手”缺一不可。目标是为实现和完成企业使命而采取的行动承诺，是对行动结果的一种衡量标准。正确的目标是企业的根本战略，制定正确的目标能确保我们的方向正确，特别是当公司处于错综复杂、不易决断的关头时，以制定好的目标作为评判的标准，往往能使原本扑朔迷离的问题变得豁然开朗。但有一点，我们必须清楚，目标不能够自动实现，也不能够自动地就发挥出作用，要把目标变成现实，真正发挥目标的作用，还有最关键的一步——目标的落实，说得再明确一点就是一切按目标与计划行事，只有这样，目标才不会成为一句虚幻的口号，才不会形同虚设。

所谓落实，就是把计划、措施等落到实处，达到解决问题、推进工作的目的。拿破仑曾经说过：“想得好是聪明，计划得好更聪明，做得好既是最聪明又是最好。”古语有云：“天下大事必作于细，古今事业必成于实。”这都告诉我们一个道理：欲有所成，需要把落实放在第一位。比尔·盖茨曾经说过："没有执行力，就没有竞争力！"任何一项工作任务的完成，都是抓落实的结果。没有落实或落实不力，再好的目标也是纸上谈兵，再完善的制度也是一纸空文。一打目标不如一个行动，不按着目标与计划行事，大到企业，小到团队，根本就没有竞争力可言。

赢在执行，重在落实。每一个部门如果光有目标，没有很好地按照目标去做，去到位执行，目标等于白设置；每一项工作如果不按照计划执行，仅仅是雷声大，雨点小，执行见头不见尾甚至虎头蛇尾、不了了之，那么，这项工作肯定是"只开花，不结果"。因此，执行必须是坚定地执行，无条件地执行。如何确保一切按着事先所说的目标与计划执行呢？

管理界流行着这样一种说法："总统是靠不住的，唯一可靠的是制度。"执行要靠制度保障，没有制度，执行就难以到位。所以，销售管理者应制定强有力的组织制度、考核制度、激励制度，健全抓落实的工作机制。特别是应健全组织内的工作责任制，确保人人负责、层层负责、环环相扣。并且要把销售责任分解，把目标任务分解到部门、具体到项目、落实到岗位、量化到个人，以工作责任制促落实，形成层层抓落实的工作局面。

杰克·韦尔奇说过："企业的组织就好像是一幢房子，当一个组织变大时，房子中的墙和门就应增多。"在通用，为了保证所有战略部署得到切实全面执行，他们建立了一个非常完善的执行系统和管理制度，这对提升执行力的作用是非常显著的，主要体现在两点：一是用制度统一员工与组织的执行步调，通过制度在个人和组织之间形成平衡统一关系；二是用制度建立执行力激励机制和约束机制，不断调整员工的工作状态。所以，要确保一切按着事先所说的目标与计划执行，建立完善的制度是非常有必要的。尤其是严格的奖罚机制和严格的问责机制更是制度中的重中之重。

严格的奖罚机制是增强执行力的关键手段。管理者要通过建立科学标准衡量评价标准和奖罚机制，建立一套有效的监督、评价和考核机制，形成良性循环。严格的问责机制是增强执行力的又一关键手段。通过建立严格的问责机制，要让那些执行到位的销售员理直气壮，让那些执行不到位，甚至不执行的销售员脸上无光、发展不顺。让销售员知道按照目标行事有什么好处，不按照目标执行有什么后果，让他们有紧张感、紧迫感和危机感。

与其他管理行为一样，执行同样需要一个明确的目标。只有当目标明确后，执行才有了前进的方向，不同的职能部门、不同的员工才能在工作中形成一股合力，更好地发挥知识与技能的聚合作用，从而更好地促进目标的完成。因此，对于管理者来说，很重要的一个任务就是督促下属按照目标去执行。

此外，执行力是促进团队合心、合力、合拍的黏合剂。现代企业运作的规模和复杂程度，已经像现代化的大兵团立体作战，单靠个人英雄主义和单打独斗是完全不可能完成任务的。只有大家都自觉地按照事先制定的统一的目标和计划行事，不同的职能部门、不同的员工才能在工作中形成一股合力，才能确保团队行动的一致性。更好地发挥知识与技能的聚合作用，从而更好地促进目标的完成。试想一下，大家都漠视团队目标的存在，你按照你的目标行动，我按照我的计划工作，企业怎能有凝聚力？因此，对于管理者来说，很重要的一个任务就是督促下属按照目标去执行。

歌德说过：“不管目标是什么，不管他干什么，单枪匹马总是没有力量的。”在荷兰，有一句这样的格言：“靠一根手指，连一个石子也拾不起来。”组织的整体力量大于组织内部个体力量的简单相加。确保组织内的成员都按照目标和计划行事，才能打造出高绩效的团队，才能让所有的组织成员成为能完成各项工作任务的精兵强将，各项工作任务才能有效地落实。

及时跟进，查看销售员的工作备忘录

要打造“赢”销特种兵，离不开管理者的有效跟进。为什么要跟进？因为有不少计划是不能做到后续跟进，而导致失败的。任何一个组织都强调执行，到底怎样做才能有效提高执行力？事实上，如果在组织内能做到事有跟进、人有监督，那么团队的执行力就会大大提高。反之，如果缺少跟进，很多工作都不能取得成效。

总经理：今天我在检查工作的时候，听一个客户说，他上个月投诉的问题，到现在还没解决。今天这个客户追问我们的客服经理，才知道，客服经理已将问题报给了工程部，但具体进展到哪里了不是很清楚。怎么会出现这样的问题？

客服部经理：我一接到投诉，就马上打电话给了工程部，及时把维修单发过去了。

工程部经理：我们一接到维修单，就马上叮嘱相应的工程人员去维修了。

总经理：那维修的结果怎样？你们谁知道？如果维修的结果到位，为什么客户今天又打来投诉电话？

工程部经理和客服经理一时无语……

上面的情景，是不是在我们的企业中也经常存在？一项任务派下去了，部门的负责人到最后却不知道任务的结果。为什么会这样？这主要是因为缺少对员工执行情况的“跟进”。很多工作如果不及时“跟进”，就很难如期完成或取得理想成效。

在这个案例中，如果客服部在告知工程部后，能主动“跟进”工作，就会及时掌握工程部的工作进展，当客户再打来电话时，他们就会很好地向客户做出解释，客户的不满就会相应减少。同时，如果工程部的领导能够及时“跟进”工作，及时了解工作结果，并主动通知客户或客服部，那么客户的不满可能也不会出现。

工作中，管理者需要“跟进”的事情有很多，比如，下属制定了自己的销售目标，管理者需要不断跟进，了解其完成的情况，并及时给予帮助；销售员与客户约定了见面时间、地点，管理者也需要跟进提醒，以确保其约见和谈判如期进行；当销售员提交给客户一项方案时，管理者也需要不断跟进，告知员工随时和客户保持沟通，这样才能在最短时间内获得客户对方案的修正意见，便于我们不断改进……

“跟进”时刻都需要，只有“跟进”，我们才能确保事情可以高效、高质量地完成。其实，很多时候，我们没必要花费大量的金钱请专业的培训人员给员工灌输执行知识，有时候，一个普通的“跟进”就可以把问题解决掉，但正是因为缺少这一步，很多事情被顺理成章地拖延了下来，最终导致大问题的出现。

那么，管理者在工作中，如何做到有效跟进呢？

1. 制订跟进计划

（1）把需要跟进的内容写下来。凡是涉及需要跟进的内容，一定要以书面形式呈现出来。尤其是需要跟进的时间、阶段性成果等一定要写清楚，这样，就可以减少推脱，从而实现高效执行。

（2）对重点需要跟进的事项，可设立必要的“工作事项跟进表”，当跟进一次没有结果时，管理者要填写好相关的任务进展情况、问题的解决办法以及确定好下次跟进的时间，直至跟进到任务彻底完成。

2. 实施多种方式跟进

跟进的方式越多，跟进效果就越好，对管理者而言，除了现场跟进、电话跟进、发跟进督促函等方式。这里我再介绍几种好用的跟进方法。

（1）小纸条跟进法。世界第一 CEO 威尔奇最常用的就是小纸条、小贴士跟踪法，他常把需要跟踪的重大工作的进展罗列在小纸条上。

（2）看板监控法。看板式管理是丰田公司发明的，其让每一个人把执行的任务、完成期限、责任人、执行的结果都写在看板上，通过别人监督和自我监督，来督促自己按时完成任务。

（3）及时贴跟踪法。让员工把那些最需要及时完成的工作贴在最显眼的地方，当管理者走到员工身边时，就去问问进程。

此外，为了跟进更有效，我们还需要掌握跟进的原则和注意事项。

对管理者而言，要掌握以下跟进原则：及时——问题越早发现越容易解决；有意义——只跟进那些与达成销售目标有直接关系和直接帮助的事情；实际——销售工作的跟进永远不要过于琐碎、复杂；经济——销售跟进工作的花费不要太多，否则会影响整个团队的收益；灵活——销售工作不同于一般的坐班工作，没必要一定要求销售员利用邮件或在某某时间一定向你汇报结果，这是不实际的。

列宁曾说过“信任固然好，监控更重要”，IBM 总裁郭士纳说过：“如果你强调什么，你就检查什么，你不检查就等于不重视。”换句话说，及时跟进是提高执行力的有效手段，没有跟踪监控就没有执行力！无论多好的计划，缺少对计划执行的跟进都是一纸空文。跟进是执行的核心所在。所有善于执行的管理者都会带着宗教般的热情来跟进自己给员工所制订的项目计划，并根据跟进的情况采取相应的行动。

第八章 打造疯狂而充满战斗力的工作场

推动企业发展最伟大的力量是什么？是员工自动自发的力量！在一个企业内，若员工都进入了自动自发的状态，这个企业就会战无不胜。那么，员工的自动自发源于什么？归根结底源于管理者的领导！俗话说："村看村，户看户，群众看干部！"一个能打造出和谐且充满活力的工作场的管理者更容易带出战斗力极强的员工。

做最强的营销战队

残酷中要有点人性化

“领导力教母”谭小芳说：“管理要讲制度，也要讲人性，在制度不能触及的地方，需要人性化来弥补，在人性不可控的时候，需要制度化来约束。”可见，合格的管理、合理的管理并非只靠严格的制度，还需要讲人性，这样才能达到企业与个人的双赢。

讲人性是什么意思？讲人性就是尊重人、关怀人，而不是处处把制度甚至是不太合理的制度作为刚性要求。我们知道，一个人在一个过分严格的地方，一般很难创造出优秀的东西，因为人的能力只有在身心和谐的情况下才能发挥出最好的水平。谭小芳老师表示，很多企业一方面在大肆要求创新，另一方面却在不断强调纪律、制度的时候忽视一个人的情感因素，片面地将提高工作效率的办法归结为严格的管理、严格的流程甚至是超时工作。如果是对于单纯的重复性劳动，严格地依靠制度、流程也许还会奏效，但对于创造性强的工作来说，严格的流程、制度行不通。要知道，每个员工不是按部就班的机器人，他们首先是一个追求自我发展的个体人，然后才是一个有着职业分工的职业人。管理者必须明白这一点，否则将给你带来麻烦。

张晋是一位销售经理，在工作上颇有成就，深得公司领导层的赏识。他对下属要求很高，管理严格，他本人对待工作非常认真，因此，他便希望自己的员工也能跟自己一样，一心扑在工作上，为公司鞠躬尽瘁。于是，他严格要求自己的下属必须准时上班打卡，如果外出谈业务，员工必须先告知他一声，销售员谈完业务，不管多晚，都要向他报告业绩。如果销售员没有外出业务，在上班的时间就不得擅自离岗，不得做与工作无关的事情，不得闲聊，不得接打私人电话，所有的时间必须要放在工作上。不仅如此，他还总是想方设法让员工多工作一些时间，认为只有员工多做工作才能多出成绩。在他的管理下，员工总有做不完的工作，即便有些工作没有任何意义。

他还要求自己的员工养成“早到晚退”的习惯，就是让员工每天陪自己加班一小时，如果哪个员工没有晚走的习惯，那么，就会受到他的严肃训斥，更不可思议的是，在他部门工作的员工几乎连节假日都没有。时间一长，张晋的举措引起了员工们的怨言，员工们纷纷觉得在这样的环境下工作简直快崩溃了。最近，越来越多的员工开始离职，张晋的工作也因此陷入了被动，整个部门士气低落、效率下降、管理混乱等问题接踵而来。

张晋的例子可能是个极端的典型，但是在我们的工作当中，类似张晋的管理者却不少见。他们认为管理就是要严格，唯有严格才算是尽职尽责，才能出成绩。为了做好严格管理，他们甚至会采取一些强制的手段，在他们看来，只有把员工的时间全部占有，让员工时刻都在自己的视线范围内，才是最好的管理方法。

很显然，在人性化管理被普遍提倡的今天，类似张晋的管理风格已经行不通。那么，什么是人性化管理？人性化管理，就是在整个企业管理过程中充分注重人性要素，以充分挖掘人的潜能为己任的管理模式。人性化管理可以包含很多要素，诸如对人的尊重、充分的精神关怀、给人提供各种成长与发展的机会、注重企业与个人的双赢战略等。人性化管理是一个不断发展的过程，是对人的自然属性和社会属性的表现形态进行有序组织和改造的过程，也是企业文化与员工的个人意识或文化意识进行整合的过程。

也就是说人性化管理尊重的是个性，是个人精神上的舒适，而不是事事被安排，时时被监督。实际上，员工们更愿意在工作上发挥自我个性，而不是处处被监督甚至是强制。管理者要认识到：对于大多数人来说，工作并非他们生命的全部，也不是每个人都发自内心地愿意接受监督，时时受到管制。相反，员工们更希望能有更多的时间考虑个人的长远发展问题，他们更希望自我的需求能得到管理者的重视。如果员工作为个体其自我发展和自我需求得到了重视和满足，他们才更愿意用心工作，更愿意接受管理者的指令和要求。这正如马斯洛的需求层次理论告诉我们的：当人的需求一层层得到满足之后，人们才可以更加安心地工作，才更愿意全心付出，达到自我管理的目的。

对员工来说，生理需求都比较容易被满足，但在被尊重的需求上，许多销售员都抱有怨言，他们认为经常被管理者视为己有，根本就没有多少时间可供自由支配，他们自己经常不被尊重，对于此，很多销售员说，他们不愿意在假期享受家庭生活的时候被经理的电话骚扰，更不愿意在周末进入梦乡的时候被电话吵醒。这会让他们感到烦躁和压抑，让他们觉得销售工作很无聊。

很明显，这种缺少人性化的管理，只能招来员工的厌恶，降低员工的工作积极性。人性化的管理却恰恰相反，人性化管理最为简单和最为根本的就是尊重员工的私人身份，把员工当作一个社会人来看待和管理，让管理从尊重开始。而尊重是调动人的积极性的根本。只有员工的私人身份受到了尊重，他们才会真正感到被重视，如果持续受到尊重，持续得到认可，员工们就愿意和经理成为朋友，成为互相促进的工作伙伴，其工作起来才会真正发自内心，才愿意和管理者打成一片，站到管理者的立场上，愿意为尊重自己的管理者分忧解难，心甘情愿地为团队的荣誉而付出。

管理不光是靠制度，不光是靠竞争机制，不光是靠硬性手段，更要靠人性。讲人性首先就是要尊重员工，给予员工一个私人的空间，让他们能有更多的时间自己安排工作，能对工作有更多的主动权，在没事的时候，能让他们轻松享受家庭团聚的温馨，而不是一天24 小时都挂念着工作，时时处在备战状态。如果管理者能做到这些，员工们更愿意主动地工作，他们的工作会更有效率、更有成绩。其实，每个销售员都是一个小“发动机”，这个“发动机”能否高效运转和管理者的风格有关，如果员工没有被发动起来，管理者就要反思自己的管理风格了。

用圆桌会议激荡团队成员的脑细胞

圆桌会议指围绕圆桌举行的会议，圆桌并没有主席位置，亦没有随从位置，人人平等。今天“圆桌会议”已成为平等交流、意见开放的代名词，也是一种重要的协商和讨论形式。

我们把“圆桌会议”作为团队学习进行深度会谈的一种组织形式，指所有的与会者，不论身份、不分级别地围桌坐下，大家就一个主题进行讨论，所有的与会者对这个问题发表自己的意见和假设，但是不能对其他人的观点进行评论，彼此之间没有阶层，没有权威，不受束缚，从而达到相互学习交流的目的。

圆桌会议最直接的好处就是会带来头脑风暴。参与头脑风暴，每一个人的思维都能得到最大限度的开拓；能有效开阔思路，激发灵感；能在最短的时间内批量生产灵感；对于熟练掌握“头脑风暴法”的人来说，再也不必一个人冥思苦想，孤独奋战；可以使参加者更加自信，因为，每个人都会发现自己居然能如此有“创意”；能创造良好的平台，给大家提供一个激发灵感、开阔思路的环境；可以提高效率，能够更快、更高效地解决问题。

此外，企业通过定期和不定期地召开圆桌会议，可以加强沟通、贯彻政策、汇报工作、凝聚共识、解决问题、培养团队精神，也可以燃起销售员的工作激情，所以，企业要学会用圆桌会议来加强销售员的管理。

当然，要开好圆桌会议，我们还要熟知圆桌会议的基本规则。作为一种新型会议范式，圆桌会议在蕴含着许多现实意义的同时，在实施过程中也存在很多问题，如领导的权力问题、角色与职责问题等。这些新问题能否解决好，直接关系着圆桌会议的成败。此外，圆桌会议规则和传统会议规则在有关会议要素的协调和会议程序的安排上大体一致。但前者又存在着特有的规则，要确保圆桌会议成功，销售管理者就一定要遵守这些规则。

角色对等规则：角色对等就是指与会成员表决权的平等和决策权的平等以及发言权的平等。要确保圆桌会议的成功，其成员之间必须要废除等级制，要在会议的实施过程中，自始至终保持一种平等身份来参与会议。

议事不议人规则：是就事论事，而不是就事论人，即使是人事会议，要开出成功的圆桌会议，也要预先发给大家客观的实际的调查材料，让大家可以根据工作需要，公正提名相对适合的人选，而不是把重点放在对人的议论上，尤其是不能放在议论人的缺点上。

非人数优势规则：圆桌会议不能轻易按照少数服从多数的原则来判定

最后事情的结果，这根本不会让人心服，圆桌会议重在弄清楚每个方案的利弊，尽可能做到以理服人。

非决定规则：圆桌会议若有激烈的争论，可以下次会议继续讨论而不做出决定。也就是说，并不是每一个圆桌会议都要做出决定，即便是这个圆桌会议开得很成功也可不做结论。

圆桌会议的运作实质上就是通过发挥圆桌会议的功能，充分调动所有人的积极性，提高机构的效能。要开好圆桌会议，除了遵守上面的规则外，圆桌会议的运作方式重点还在于做好信息处理、有效反馈和全息沟通。

1. 信息处理

圆桌会议的成功，在很大程度上取决于管理者对信息的处理。其信息处理主要有分析和整合两种方法。分析就是对与会成员提出的信息进行一一解析，区别它们之间的异同，然后择取最富有建设性的信息，将许多优秀的个别信息聚集在一起，让其互补，实现信息的最优化。

做好信息处理需要做到：寻找充满创造性的观点；根据重要因素，权衡各方面，预测有前景的短期结果和长期结果；对预测的结果进行评估；系统地判断应该采取的行动。总之，管理者要鼓励与会成员尽可能多地提供信息，避免视角的狭隘。

2. 有效反馈

行为心理学表明，一个人或者一个组织行为的改进取决于反馈。为了让会议进行得更有成效，管理者必须要听取与会人员的反馈。要听到反馈声音，管理者就必须要为员工创造畅所欲言的环境，让大家有话敢说，有意见敢提。

3. 全息沟通

杰克·韦尔奇说，管理就是沟通、沟通、再沟通。著名组织管理学家巴纳德认为：“沟通是把一个组织中的成员联系在一起，以实现共同目标的手段”。在一定意义上，没有沟通就没有会议。

举行圆桌会议需要全息沟通。全息沟通对于圆桌会议的作用是多方面的，其中较突出的有两点：一是有助于作出决策。圆桌会议上进行决策会涉及干什么、怎么干、何时干等问题。遇到这些需要解决的问题，与会成员要通过沟通获取大量的信息情报，然后进行决策。二是有利于管理者与管理者之间做好协调、配合工作。与会员工的职务是相互依存的，依存性越大，对协调的需要度就越高，而要做到全面的协调只有通过沟通才能实现。没有全方位、多角度的沟通，与会成员之间就可能存在着隔膜，对整个会议效果是不利的。

当然，全息沟通要讲究一定的艺术：首先，预设一种比较轻松的气场。很多管理者喜欢“向下潜伏”，主要是因为在日常管理中，管理者容易给人一种难以亲近的感觉，而通过“潜伏”接近员工，可以使员工避免“老板恐惧症”，保证沟通效果。当然，并非所有管理者都喜欢“潜伏”，为消除员工在和自己沟通时的恐惧，管理者在与下属沟通前，可先预设一种比较“亲民”的气场，尽量在员工面前展现自己亲和的一面，而不是一脸严肃。其次，统一沟通频道。很多下属在和管理者进行沟通的时候，常常因为紧张而出现不知说什么好的情况。遇上这种情况，管理者不要急着抱怨与下属说话是“对牛弹琴”，而应设身处地站在员工的角度去想问题，尽量采用员工可以接受的方式去沟通，而不是按照自己的思维模式强行和下级沟通。

总之，企业是一个大熔炉，管理者每天面对的沟通对象又有着不同的职位角色、性格特征和工作方式，要确保全息沟通且沟通有效，很重要的一点就是管理者在与员工沟通时做到因人而异，因事而异。

把握好和谐与竞争之间的平衡

在市场经济条件下，竞争与和谐充斥在一切社会活动之中，犹如哲学中的矛盾无处不存在。在竞争中力求和谐，在和谐中引入竞争，是哲学三大规律之一的对立统一规律的体现。竞争与和谐的对比消长是事物发展的动力。一个企业或一个团队乃至个人，运用哲学的观点，处理好团队与团队、个人与个人的竞合关系，将直接决定着组织的成功与否。如何处理好竞争与和谐的关系成为现代企业领导人必修的课程。

一般来说，企业内团队与团队、个人与个人之间的和谐来源于人与人之间的合作，因此，我们可以这样说，管理者要把握好和谐与竞争之间的平衡，就是要求管理者把握好合作与竞争之间的平衡。

我们知道，合作能够“放大”个人的功能，而竞争也能够从一定的程度激发个人潜能。假如能够同时“放大”个人功能和激发个人的潜能，那当然是最理想的状态。但是，合作与竞争从来都是一对矛盾，团队内部的合作可能削弱相互竞争的动机强度，而团队内部的竞争也可能削弱相互合作的动机强度。但不管合作与竞争之间存在什么样的矛盾关系，管理者都不能片面地强调一方面。合作重要，但是，如果只讲合作而不讲竞争，就会在团队内引起所谓的“搭便车”现象，即有的成员即便是不称职或不肯卖力，依然可以混在团队里当“南郭先生”。要消除“南郭先生”，团队内部就必须要引入竞争。内部竞争可以是团队内小组之间的竞争，也可以是个人之间的竞争。但不论是哪种层次的竞争，都要注意处理好竞争与合作之间的关系，否则就可能破坏合作精神，破坏组织内的和谐。

那么，如何协调竞争和合作的关系呢？处理好团队内部的竞争与合作的关系必须做到4点。

1. 竞争与评价要做到公平

通过竞争，团队内很自然就会分化出先进与落后或优与劣。许多管理方式通过奖优惩劣，鞭策后进，鼓励先进。为了区分优秀与差劣、先进与落后，管理上要求对各小组或个人的行为表现和业绩进行一定的评价。这就要求组织内的评价标准和程序必须要保证公平，这样管理者做出的评价才会公平，否则，就无法真正鼓励先进，鞭策后进，反而会闹出人际矛盾。

2. 薪酬机制要平衡个人与团队的利益

如果企业的薪酬机制强调平均主义，强调“大锅饭”，这确实会保证人与人之间的和谐，但是毫无激励效果；如果企业的薪酬机制过多鼓励个人竞争而不鼓励团队合作，必然会产生团队之间不愿意合作的不良后果，这也是不可取的。

只有把个人绩效与团队绩效结合起来，使团队成员的利益关联，才能真正增强成员之间合作的意愿。因为任何人获得报酬都会受到团队其他成员的牵制，即自己要获利，必定以他人获利为前提；如果损害他人的利益，则自己的利益也要受损，这样使得利益关联成为合作动机的利益基础。

3. 以温情惩戒为主

一般来说，如果企业对待落后者采取一种严厉惩戒的方式，那么，因为人人都不想当落后者，于是就开始力争上游，在这个竞争过程中，因为害怕被淘汰，人们很容易就会产生强烈的“自我防卫”意识。这种自我防卫意识对团队合作是不利的，例如为了竞争，很多人不愿意与其他人或其他小组分享技术资源和工作信息，从长远来看，必将破坏企业的凝聚力，为此，企业严厉惩戒的面不能铺得太宽，如果不分时机地利用淘汰制，势必造成一大批人被淘汰出局，结果是人人自危，竞争效果是达到了，但不利于企业的和谐。最好是利用比较温和的惩戒方式，毕竟对于业绩差的人来说，惩戒不是目的，让其改进才是最终目标。所以，在惩罚竞争的落后者时，不要动不动就采取淘汰出局的方式，先给予其善意的警告让其改进更好。在这一点上，我们可以向美国的施乐公司的某个销售小组学习。

美国复印机巨人施乐公司的某个销售区的小组竞争方式很有艺术性。在每个月的月底，管理者总会把象征落后的会旋转的面目滑稽可笑的玩具娃娃“奖励”给销售额最少的小组，在一个月内，这个玩具娃娃必须安放在“获奖”小组的办公台上，以示警告。直到下一轮的竞争失败者把它“夺走”。当然，没有人愿意一直拥有这个象征落后的玩具娃娃，于是大家都努力奋斗。

施乐公司的这种温情竞争，既不会伤团队的和气，又达到了激励的目的，实在一举两得。

4. 鼓励“先富带后富”与“先进帮助后进”

管理者一方面通过鼓励竞争，让一部分人或者团队成为先进，但当这些人成为先进后，不是甩手不管落后者，而是要鼓励先进者或者团队帮助落后者或者团队，以此达到整个企业共同进步。

当然，在处理和平衡合作与竞争的关系时，我们仍然需要强调合作高于竞争。合作强调的是“我们赢了”，而竞争注重的是“我赢了”，但任何大的胜利必须建立在“我们”的意识上，而不是“我超过了同伴”的意识基础上。

让每一个成员成为疯狂而热情的 “源体”

一个好的管理者更容易带出具有卓越能力的员工。也就是说，要想让每一个成员成为疯狂而热情的“源体”，就要看管理者如何去管理，如何去激励。

那么，管理者如何去管理、去激励才能让员工自动自发去工作呢?

1. 信任

经营之神松下幸之助说过：“最成功的统御管理是让人乐于拼命而无怨无悔。这靠的绝对不是强制，而只能靠充分的信任。”松下幸之助自己的经历也充分说明了这一点。

1926 年，松下幸之助准备在日本金泽开设办事处，他找来一个 19 岁的小伙子，告诉他马上去办这件事情。小伙子简直惊讶极了，他觉得自己根本就没有能力去完成。不断跟松下幸之助描述自己如何年轻，如何能力不够。可松下幸之助依然对他充满信任，并不断鼓励他一定能把这件事情办好。受到如此信任的小伙子不再拒绝。小伙子一到金泽，就立即开展工作，并把每天的进展都写信告诉松下。

第二年，松下幸之助有事经过金泽，年轻人率领全体员工去请董事长检查工作，为了表示对小伙子的信任，松下并没有进厂考察，而是告诉小伙子："你当面汇报就可以了，我相信你。"小伙子感动极了，后来，金泽办事处越办越好，给松下带来了意想不到的利润。

松下幸之助回忆这件事时说："我用这种信任的授权方式办事还没有一个失败的，对人信赖，权力激励是培养优秀员工的很重要的条件。"

这就是信任的力量！员工被信任了，会更加心甘情愿地拼命工作。相反，在不信任的环境下工作，员工必然会感觉压抑，其满意度和幸福感必然会大大降低。当销售员带着这种不满意与客户打交道时，就会缺乏耐心和热情，顾客也会感到不满意。客户不满，何来成交，何来业绩？

所以，从逆向思维来看，管理者要让顾客满意，必须先让员工满意。要让员工满意，管理者就要在工作中建立一种信任的氛围，让员工感受到被认可，有认可才会激起员工的积极性。

2. 愿景——给员工一个主动献身的理由

吉姆·柯林斯在其著作《基业长青》一书中说："那些真正能够留名千古的宏伟基业都有一个共同点：有令人振奋，并可以帮助员工做重要决定的'愿景'。"什么是愿景？简单来说愿景是一种描述使命、目的和未来理想状态的浓缩的"企业蓝图"。一个团队拥有了愿景，更能让员工对未来充满信心，更能让员工心甘情愿地为之奋斗。

创新工场董事长兼首席执行官李开复在苹果公司任职时，就很好地做到了利用愿景激励员工。

李开复这样描述那段经历：

“我在苹果公司工作的时候，曾向公司领导建议，从不同部门调集多媒体及相关技术的精英，组成一个新的团队，研发一系列极有潜力的多媒体产品。当时，公司的资深副总裁批准了我的请求，并要求我的主管副总裁帮助我抽调人员，组建这个团队。但主管副总裁担心新产品的风险较大，他一方面要求相关人员必须亲自表达意愿才可以加入我的新团队，另一方面又告诫大家我要研发的新产品有不小的风险，希望大家慎重选择。依照他的意思，我们只要做一个问卷调查，看看60多位技术人员中有多少人甘愿冒风险就可以了。而当时在公司年年裁员的压力下，如果采用他的方法，这个新团队的计划就可能无法实现了。

“在这样的情形下，我决定利用愿景来激励这些工程师与科学家。我找来这60多位技术人员开会。在会上，我描述了未来互联网与多媒体相结合后，相关新技术和新应用的巨大发展空间。与他们分享了我关于新产品的规划和设计，以及我为新的产品部门制定的愿景。然后，我鼓励他们分成小组，讨论这个愿景的可行性，以及自己的潜力将会如何因这样的愿景而得到更充分的发挥。最后，我给所有人念了美国诗人罗伯特·弗罗斯特的一首诗《未选择的路》，全诗的最后几句深深地打动了大家。我对他们说：‘这条路没有人走过，但是我们恰恰应该为了这个理由踏上这条路，创立一个网络多媒体的美好未来。’会后，90%的人都决定愿冒这个风险，离开相对稳定的研究部门，随我加入全新的互动多媒体部门。后来，这个部门成了苹果公司的许多著名网络多媒体产品的诞生地。”

经过这件事情，李开复后来自己总结：“我明白，制定并与员工分享美好的愿景，可以充分激发员工的参与感和积极性，可以让整个团队保持激昂的斗志和坚定的方向。”

3. 适当给员工制造危机感

管理者需要给员工安全感，但也要给员工制造危机感，这样才能更好地激发员工的潜能。比如，很多公司针对销售员都建立了一套较为有效的“六能”机制，即明确向销售员提出“干部能上能下”“员工能进能出”“收入能高能低”，通过“六能”机制给员工创造有效的竞争氛围，让大家主动去积极工作。

4. 将目标管理与绩效考核结合起来

将目标管理与绩效考核结合起来，这样也能对员工的士气起到很大的促进作用。张佳明在其著作《总裁教练模式》举了这样一个例子：在联想集团，每年年初，每一位员工都要向自己的部门领导交一份中长期发展规划，经过自己领导的诊断，如果觉得这份规划非常适合员工的情况，那么，该规划就生效。接下来，公司就会为其计划的实现创造各种条件、提供尽可能多的资源，以帮助员工尽早实现其规划发展。通过这种方式，联想的每一位员工都能有一个个性化的目标设定和考核标准，这大大促进了员工的主观能动性，激发了员工的工作热情。

总之，管理者要想让每一个成员成为疯狂而热情的“源体”，管理者可以采取多种多样的方式，比如赞美、认同、目标激励等，尽管每个员工都有自己的个性，但总体上来说，管理的差异性并不大。只要管理者多关注一下销售员的需求和特点，把多种激励方法进行灵活运用，并在管理方法上不断创新，让自己跟得上销售员的思想步伐，便可以有效地发挥他们的工作动力。

“庆功宴” 是最好的激发斗志的机会

庆功宴是庆祝成功的宴会，是一个团体、单位、组织、政府、部门等为了总结前一段时间的工作经验和成绩，寻找不足，表彰、鼓励先进，更好地开展下一步全面工作而进行的一项活动。可不要小看庆功会，“庆功宴”是最好的激发斗志的机会。

曾经听一个朋友说起，他说自己进入的第一家企业是一家外企销售部，其经理是一个非常幽默的中年男人。这位经理在工作中，有一个最大的特点：喜欢召集大家举行庆功宴。一般在新项目的开始或者一个项目结束的时候，他必定会安排自己部门的所有员工来一次热闹的庆功宴。当时，我们的朋友还是一个普通的销售员，那时候，他就觉得庆功宴是那样有意义。后来，我的朋友也成了销售经理，他越来越发现，原来庆功宴是一种非常有效的管理方式。

你要问工作的人们什么最宝贵，人们肯定会回答：时间！在这个要效率的时代，越来越多的管理者要求自己的下属能争分夺秒，甚至很多管理者希望自己的员工能把工作之外的时间也用在工作上。此种情况下，很多管理者都担心庆功宴会影响自己部门的工作效率和进度，真的会这样吗？当然不是！如果员工每天都精神疲惫，即使是天天加班，其业绩也不会好到哪里去。相反，如果员工能够在轻松的环境中工作，反而可以充分调动自己的能量，在短时间内有所收获。

实际上，一个优秀的管理者应该是善于与“民”同乐、善于体察民意的领导，时常举办庆功宴不仅便于管理者了解和掌握员工所想，把握员工的心理，还能提醒自己的员工，管理者时时和他们在一起，时刻可以成为他们的后盾。一个管理者要想打造充满战斗力的工作氛围，就要善用庆功宴并要用好庆功宴。

1. 庆功宴在管理中的好处

具体来说，庆功宴在管理中有以下几大实实在在的好处：

（1）庆功宴可以缓和紧张的关系。在团队中，管理者与下属之间、员工与员工之间难免会产生矛盾或者距离，尤其是管理者和下属之间，因为职位和身份不同，难免会产生距离感，平时，很多员工见了管理者甚至躲着走。管理者此时若能充分运用庆功宴，就可以在这样的场合尽情展现自己“亲民”的一面，让自己的下属感受到一个和蔼的领导，这样非常便于日后工作的开展。此外，员工和员工之间也难免产生矛盾与摩擦，此时，管理层也可以借助庆功宴，通过唱歌、喝酒、玩笑的形式解开大家的误会。

（2）庆功宴能激发员工士气。通过对前一段时间工作经验和成绩的总结，表彰和鼓励先进，可以给更多员工树立榜样，激发每个人向榜样看齐。同时，通过对员工工作的肯定，也可以让员工获得认同感和肯定感，这对激励他们更加努力工作是非常有利的。

（3）庆功宴是实施员工情商管理的一大途径。现代社会，员工承受着来自各个方面的压力，管理者既可以利用庆功宴的机会去顺理成章地关心下属，给员工创造一个宽松的情感交流的地方，让员工及时清扫情绪垃圾，引导下属做一个既有智商又有情商的员工，又可以通过庆功宴来缓解员工的压力，尤其是可以帮员工缓解家庭压力。比如，在庆功宴时，管理者可以让自己的下属顺便带上自己的爱人，借此帮助员工解决一些家庭矛盾，帮自己的下属安抚好家庭，让他们尽早以更安心的状态去迎接新的工作。

（4）庆功宴符合新生代员工的生活理念，在现代销售中，年轻员工所占的比例越来越大，80 后、90 后员工发挥着越来越重要的作用。作为管理者，要及时掌握年轻人的动态、想法，就要有意识地和这些年轻人多交流，以便在管理上更加得心应手，而庆功宴是非常有效的互动方式。

2. 运用庆功宴管理的注意事项

用好庆功宴，可以使我们的组织更融洽，员工的斗志更昂扬，但是在运用庆功宴管理时，管理者要注意以下几点：

（1）举行庆功宴时，要尽量找几个会调动气氛的人。庆功宴是为了让大家释放情绪，如果在场的同事们都只会乖乖坐着不动不开口，不好意思说说笑笑，那么庆功宴便失去了它的作用。因此管理者在组织庆功宴时最好找几个善于调动气氛的人，以此唤起大家的情绪，让大家都高兴起来。

（2）举行庆功宴时，在时间的选择上要考虑大多数员工的作息规律。最好是把庆功宴安排在周五晚上，如此大家就是疯狂玩，也几乎不会影响工作。当然，庆功宴时间也不要太晚，要考虑到有家庭特别是有孩子的同事们的感受。

（3）管理者要适时抽身。有管理者一直在身边，员工总难玩得尽兴。对于部门组织的庆功宴，领导要参与，当在适当的时候，管理者离开便可。如此，既参与了庆功宴，又给了大家空间。

（4）做好庆功宴的后期工作。在庆功宴上，难免有同事喝太多，这时，管理者一定要提前安排好专人做好后勤工作，以保证同事们不丢东西。

庆功宴能激发员工的积极情绪，管理者不妨学习利用这种特殊的管理方式。要知道，管理者的最大职责就是要唤醒员工身上的激情和斗志，利用庆功宴，既愉悦了员工，又增加了员工的工作热情，领导何乐而不为?

定时举行例会，鼓励成员间互相分享

例会是依据约定的惯例每隔一定期限举行一次的会议，最常见的是办公会。通常例会的进行需要制度的规范，又称例会制度。营销管理是一种非现场管理，作为管理者，最主要的操控手段都是通过例会来实现的。

1. 举行例会的意义

举行例会，对销售团队来说具有很重要的意义：一是开展例会有利于有效的沟通，团队内通过例会进行充分交流，能够集思广益，实现企业内有效的沟通。二是上传下达，资源共享，通过举行例会，告知一些新的决定、新决策，能够使更多的人了解关于企业或其他部门的相关信息。三是利用开会可以汇集资源，使企业内部相互帮助，相互促进，共同进步。四是协调矛盾，达成共识。借助例会这种面对面的形式，可以有效协调上下级的关系，也可以解决员工之间的矛盾，最终使大家思想统一，达成共识。五是激励士气，通过对取得优秀业绩的销售员的公开奖励，可以激励团队内更多人以这些人为榜样，从而争取做出业绩，使大家积极向上。六是统一思想，通过会议及时解决公司工作中存在的问题，有利于协调各部门工作的力度，使大家朝着统一的方向前进。

2. 如何开好例会

例会对于企业来说，意义之大，那么，我们如何才能开好例会呢？

（1）做好会议前的准备。分析和发现市场问题，确定会议主题。怎样确立会议主题？会议前的主题确立不是一拍脑袋就确定的，而是建立在管理者与每个员工的沟通基础上的，这些主题应该是管理者在每次巡点及员工沟通时发现但未得到有效解决的问题。确定会议标语。怎样确定会议标语？会议标语是根据会议主题内容来确定的，而且必须充分反映本次例会的主题内容。例如，只会走特价之路的销售员不是好员工；做连带、做标杆、拿高薪等。制定销售排行榜。销售排行榜内容包括总金额、总销量、单价等，并从销售排行榜的各项内容发现销售存在的问题。

（2）重视会议过程。调动销售员的情绪，一般是朗诵格言的形式。探讨发现的市场情况和销售问题，全体销售员发表自己的意见，管理人员做总结。分析销售排行榜，销售排行榜的分析一定要让销售员点评销售员，并且找出该销售员后阶段提升的潜在点和节点。销售技能提升与培训，主要是培训销售员的薄弱点。制定销售任务。

（3）做好会议后的跟进。会议后的跟进是确保会议能否收到效果的决定性因素，如果管理者不跟进，会议的效果不会超过三天。那么，怎么进行会议跟进呢？一是销售经理对销售员进行跟进，每日检查其销售情况，对于执行好的销售员，可让其分享经验，以在团队内发扬；对于执行差的员工，必须及时告知其主管，便于第二天做好传帮带。二是主管跟进，主管必须每日了解销售员对会议内容的执行效果，对于执行效果差的员工，必须帮助其找到促销员执行效果差的原因和节点，便于更有针对性地进行传帮带。

3. 举行例会的注意事项

除了以上三个方面，要开出高效率的例会，管理者还要注意以下几点事项：

（1）控制开会时间，并提前告诉参加会议者需要多长时间，这样既便于他们安排时间，又利于他们安排发言，以便节约开会的时间。

（2）开会一定要有互动，没有互动的会议就不会有奇思妙想，就不会有大的改进。《有效会议的管理者指南》一书的作者咨询师巴布·斯特雷贝尔说："问题是为什么要开会，大部分人对此并没有想得很清楚。最好的理由是与会者需要互动，需要人们分享他们的见解和知识，形成一个对问题综合的、一致的看法。这时，会议如果开得好的话，就是最好的方式。"

（3）避免闲聊和跑题。当管理者发现参会者闲聊时，要用最好的方法快速地把会议的主题转回来，为了不伤害参会者的自尊心，管理者可以要求参会人员把自己的想法快速列出来，以便于更好地讨论和完善想法。

总之，不管哪种会议，主持者要想利用好它，提高会议效率，就必须做到以下"十不"：

①不开没有目的的会议。会议之前必须要先确定本次会议目的，否则宁可不开。

②不开无主题的会议。会议没有议题，那不叫开会，那叫闲聊。

③不开多议题的会议。会议多议题，只会使话题点到为止，根本不能精确解决。所以，每次会议只解决一个中心议题。

④不开没有主持人的会议。没有主持人的会议，很容易就使会议陷入无人发言的局面。

⑤不开没有时间限制的会议。会议没有时间限制，人们就没有时间观念，这样的会议肯定会浪费时间。

⑥不开没有争论的会议。开会就是为了集思广益，如果在会议上不争论，很容易让会议变成一言堂。

⑦不开没有结果的会。开会就是为了解决问题，没有结果，等于白开。

⑧不开没有必要开的会，只召开非开不可的会议。

⑨不要让无关的人参加会议，会议参加者必须与会议议题有关。

⑩不重复别人已经讲过的观点，表达有新意的观点。

让每一个人心中都有着强烈的不服输意识

一位伟大的销售员说："我的成功没有别的什么好办法，只有一股不服输的倔强精神在支持着我，当我们面对一次次失败和一次次拒绝时，我就鼓励自己试一次，再试一次。就像优秀的猎手那样，必须有足够的耐心和毅力才能等待最佳的时机给猎物致命的一击。"

有人说，世界上有两种人可以做好销售，第一种是乐观向上的人，第二种是永不服输的人。销售是毅力的较量，如果一个销售员没有一股不服输的劲，遇到挫折就半途而废，这样的人永远成功不了。就像销售之神原一平所说的："任何事情只要你认为正确的，事前切勿顾虑过多，最重要的是，拿出勇气全力冲过去。过分的谨慎，反而成不了大事。"

曾经有人问世界第一推销训练大师霍普金斯："你成功的秘诀是什么?"他回答说："每当我遇到挫折的时候，我只有一个信念，那就是马上行动，坚持到底。成功者绝不放弃，放弃者绝不会成功！我之所以选择坚持到底，是因为我知道我不是为了失败才来到这个世界的，我更不相信'命中注定失败'这种丧气的话，我告诉我自己什么路都可以选择，但就是不能选择'放弃'这条路。因为我知道，坚持就有成功的可能。我不断告诉我们自己：每一次推销失败，都将会增加我下次成功的概率；每一次客户的拒绝，都能使我离成交更进一步；每一次对方的皱眉，都是他下次微笑的征兆；每一次不顺利，都将会为明天的幸运带来希望。只要我有一口气在，我就要坚持到底。因为我了解成功的秘诀就是永不服输、永不放弃。”

永不服输才能成为销售赢家。一个人永不服输的意识来源于其强烈的求胜欲。什么是求胜欲？简单来说，求胜欲就是想赢、想要胜利、想要达成目标的欲望。欲望是一个人行动的助推器，它是支持人不断积极进取的动力。而强烈的求胜欲望能够把人的巨大潜能挖掘出来，能够让人争取一切可能成功的机会。对于一个人来说，拥有强烈的求胜欲，能激发他为目标竭尽全力、全力以赴。

在国内，很多公司都要求自己的销售员保持一种“狼性”，为什么？因为狼身上有三个主要的特性：一是嗅觉灵敏，只要一嗅到血腥味，它们就会毫不犹豫地猛扑上去；二是狼习惯于困难的环境中，不管眼前的条件多不利，它们都能行动起来；三是狼专注于目标，只要有一丝胜利的希望，就绝不轻言放弃。

“只要有胜利的希望，就绝不轻言放弃”，这正是强烈求胜欲的真实写照。对于一个销售员而言，当他保持着强烈的求胜欲时，他的情绪就会非常高涨，相应地，他的意志就会非常坚定，工作起来就更有激情。有句古训叫“狭路相逢勇者胜”，勇者为什么最终胜出？就是因为他们有一种永不服输的信念，在他们的脑海中始终只有一种念头：必胜！正因为具备了“必胜”的信念，他们才能充分发挥自己的主观能动性，积极地调动一切可以利用的因素，并想方设法解决困难，达成自己的目标。

对销售员来说，有强烈的求胜欲，才会永不服输，才会有足够的冲劲。冲劲简单地说就是销售员在销售过程中，表现出的不服输、不放弃的干劲。冲劲是销售员难能可贵的精神。有一位非常成功的销售员说如果把执行力和韧劲归纳为销售员成功的敲门砖，那么，冲劲就是销售员打开业绩之门的钥匙！也就是说，销售员只有有不服输、不放弃的冲劲，才能创造出业绩。

每一个管理者都希望自己的销售员成为业绩突出的销售高手，要实现这个目的，管理者就要有意识地培养销售员的求胜欲，让他们每个人都有着强烈的不服输意识，让他们变得冲劲十足。那么，对管理者而言，该怎样培养销售员的求胜欲，让他们每个人都有着强烈的不服输意识呢？

无数成功的案例表明，一般具有强烈的不服输意识的销售员，往往具有很强的自信心。因此，销售管理者要培养销售员的冲劲，首先应该从培养他们的自信开始。管理者该如何培养员工的自信呢？

要培养销售员的信心，管理者就必须要让员工感受到自己的重要性。每个人都渴望自己所做的事情得到别人的认可和肯定，员工也不例外，他们更希望得到上司对他们工作的认可。所以，千万不要漠视你的员工。身为管理者，应该多多关注与承认你的员工。

如果想让员工充分发挥其潜能，必须让员工感觉到他是团队内不可缺少的一分子。如果管理者不能重视每一个员工，让他们感到自己在这个团队里可有可无，那么，员工便不会对工作抱有热情，企业管理者必须充分认识到这一点。那么，企业管理者怎样才能让员工感觉到自己的重要性呢？我们总结出以下几点：

一是有事情多找员工商量。二是给员工大量的鼓励与肯定。如果你的销售员业绩非常出色，而身为管理者的你却从来不注意，他们很快就会觉得实在没有必要如此地卖力工作，时间长了，他们就会失去工作的热情。三是让下属承担富有挑战性的工作。每一个人都喜欢表现自我、超越自我，你的下属也一样。对于你的下属来说，从你那里接受有挑战性的工作可以使他们非常清楚地意识到自己的分量。这能够激发一个人的工作热情，激励你的下属在今后的工作中更加勤奋努力，从而对自己树立起坚定的自信心，这对其今后的成功是非常重要的。四是让你的下属有归属感。从管理者的角度来说，一个有着主人翁意识的员工，一定是深爱着自己的工作、自己的部门、自己的公司的员工，“爱”能刺激一个人的激情产生，热爱是一个人成功的根本，一个对工作热爱的人能运用自己的判断力去解决所面临的困难和问题，他们能用自己的自豪感、自信心去创造一个又一个奇迹。五是给员工树立明确的目标。明确的目标能激发一个人的求胜心和信心，让一个人时刻保持一种向上的冲劲。

人有了自信未必能够成功，但如果没有自信就一定不会取得成功。自信心可以说是获得成就感的基础。我们不相信一个终日唉声叹气、缩头缩脑、缺乏自信的销售员会有业绩。杰克·韦尔奇曾告诫他的员工：“如果通用不能让你改变窝囊的感觉，你就应该另谋高就。”同样，如果管理者能够经常通过言行向自己的下属灌输“你一定行！你是最棒的”的意识，就能慢慢树立起员工的自信心，让每一个人心中都产生强烈的不服输意识。